駿台受験シリーズ

古文解釈の方法

改訂版

関谷 浩 著

駿台文庫

はじめに

旧版の上梓から二十余年の歳月が経ちました。予想以上に多くの方々からの温かい御支援を賜り、その御蔭で版を重ねて参ることができました。御礼を申しあげる次第であります。しかし今、見返してみますと、説明不足の箇所があったり、逆にくどくどしい箇所があったりして、改めておくべきかと考えました。

この本は、もともと受験叢書として書いたものです。しかし、受験のための特別な学習というものがあるわけでもなく、要は読める実力を付けるということが最終目的なのです。この本の旧版の「序にかえて」で筆者は、「あらゆる面から見て矛盾のない解釈、またそう解釈すべき必然性を追究していく態度を養いたいと考え、何でもかんでもただ丸暗記だけですまそうとする姿勢を排して、一つの知識を有効に活用していく方法を大切にしたいと思っている」と書き、意識と反復によって正しい知識を身に付け、その知識を用いて内容を深く理解するために文を分析する方法を示したのであります。新版でもその姿勢は変わっていません。

古文の実力というのは、古文の文章がよくわかるということです。古文には、単語の意味が現代語とは異なるために理解しにくいという程度の単純なものもありますが、文構造や表現が複雑で辞書を持っただけではわからないということが多くあります。特に、昨今ではあまり考慮に入れられなくなっていますが、係り承けを意識するだけで理解の手懸りになり、全体が見えてくるということもあります。また、複雑に見えても、いくつかの単純な知識が複合しているだけなので、一つ一つひも解けばわかるということもあります。古文解釈の第一歩は、知識を正しく身に付け、その知識を踏まえ全文を見通し、各部分の意味を矛盾なく考えてゆくことです。

本書は、第一講から順に理解していこうとしても構いませんが、教室で説明のあった箇所の理解を深めるためにそれに関する箇所を辞書的に用いてくれても構わないと思っています。今大切なことは、常に自身を納得させて前に進むということだと、筆者は考えています。その上で、古文解釈の面白さが増したならば、それは筆者の望外の喜びといえます。

関谷　浩

目次

逐語訳と内容を大づかみにする方法

1 逐語訳

古文とは、平安時代の文法や語法、さらには語意を規範にした文をいう。本来、原文のままで理解し、味読できればよいのだが、時代を隔てた現代人が原文そのままで理解するというのは難しい。そこで、その古文の意味を正しく理解し、読み解くために現代語による訳を行うのである。

その際に、古文における正確な内容把握をするには、逐語訳から始めるのがよい。**逐語訳**は、置換法による訳ともいい、原則として**古文に出る語や語句の順のまま現代語に置き換えてゆく訳のしかた**である。訳は、その意味ばかりでなく、語や語句のそこにおける用法も反映させる作業である。図示すると、

（古文）	A	B	C
	⇓	⇓	⇓
（現代語）	a	b	c

のように示せる。その時、古文に現れる古語を分類すると、

① 古語特有語
② 古今異義語
③ 古今同義語

に分けられる。古語特有語は現代にはないのだから、すぐにそれとわかる。問題は、古今異義語である。古語の「なやむ、ありがたし、あさまし、…」などは、現代語の「悩む、ありがたい、あさましい、…」とは、その意味を異にする。これらは、その都度、それと確認してゆくのである。現代語に訳すには、古語特有語と古今異義語とを、本来のその意味になる現代語に置き換え、古今同義語はそのまま何の変更もなくその場所に置くのである。

よく、助詞と助動詞は解釈上重要だという。助動詞の多くは古語特有語であるから、その意味をしっかりと理解しなければならないわけだが、助詞は、現代でも用いられているものは、多く古今同義語である。では、助詞はどんな点で大事なのか、そのような観点からも考える必要がある。

この逐語訳をする際に、どうしても補わないと現代語として不自然になるものがある。それが、**助詞の補い**と、**体言（名詞）の補い**である。

助詞の補い

古文の表現と現代語の表現との違いの一つに、古文では助詞を書き表さないことがある。しかし、それはどんな助詞にもあるのではなく、ある定まった助詞にだけ起こる。その助詞とは、主語であることを明確にする（主格という）助詞「の・が」と、目的語であることを示す「を」である（日本語では、目的語とは言わず、連用修飾語と言うが、連用修飾語にも多くの働きがあるので、あえて目的語という用語を本書では用いる）。そこで、文の途中の名詞の下にたまたま格助詞が表されていない場合は、「が」または「を」を補ってみるとよい。なお、現代語「は」は、「が」「を」の用法を背後に持っているので、「が」「を」と言っては強すぎる場合は、「は」としてもよい。

(1) 春〈すぎて、夏〈来にけらし。
(2) 月〈見れば、千々に物こそ悲しけれ。

(1)は、「春ガすぎて」「夏ガ来にけらし」とする。一方、(2)は「月ヲ見れば」とする。「ガ」を補うのがよいのか、「ヲ」を補うのがよいのかは、係っていく用言（動詞・形容詞・形容動詞）で決まる。

設問一

次の〈の箇所に助詞を補ってみよ。

a 風〈そよぐ奈良の小川の夕暮
b 花〈さそふ嵐
c 光〈のどけき春
d わたの原〈漕ぎ出でて見れば

解説

a 「そよぐ」という動詞は、目的語をとらない語（いわゆる、自動詞）である。そこで「ヲ」は入らないから、「ガ」を入れて、「風ガそよぐ」と読む。

b 「さそふ」は目的語をとる動詞（いわゆる、他動詞）であるから、「花」の下には「ヲ」も入るし、また「ガ」も入る。そこで、二つの可能性を考えてみる。「花ガさそふ嵐」と「花ヲさそふ嵐」とである。しかし、「花ヲさそふ嵐」としないと、意味をなさないことになり、「ヲ」を補うことになる。

c　「のどけき」は、形容詞「のどけし」の連体形である。形容詞は目的語をとる語ではない。だから、「山を高い」「花を美しい」などはありえない表現ということになる。そこで、ここも「光ガのどけき」と読むことになる。

d　助詞の補いを知らないと、「わたの原（＝大海）ニ漕ぎ出でて」と読みたくなるところである。しかし、「に」という助詞は省かれないのが原則である。そこで、「わたの原ヲ（漕ぎ出でて）見れば」と読む。いうまでもなく「見る」は他動詞である。こうしていくと、具体的にどこに意味上直接つながる（係る）かということもわかるようになる。

係助詞「ぞ・なむ・こそ」は、その直上の部分を強める助詞である。これらは現代語で「ハ」で表せる（p.150）。しかし、係助詞は語句の関係を明示する語ではないので、「ハ」の背後にある「ガ」「ヲ」を考える必要がある。これは係助詞「は」「も」についてもいえる。

(3)　人こそ見えね。
(4)　知る人ぞなき。
(5)　心も知らず。

(3)は、「人は見えない」であるが、「人ガ見えない」のことである。(4)は、「知る人はいない」であるが、「知る人ガいない」のことである。形容詞「なし」を下にとる以上、「知る人ヲいない」とはならない。(5)は、「心も知らない」であるが、「心ヲモ知らない」のことである。

体言（名詞）の補い（準体法）

活用形の一つに連体形と呼ばれる形がある。連体形という名称は、下に体言（名詞）を付ける（連体法）という、その活用形の代表的用法からの命名である。「咲く花、高き山、あはれなること」の「咲く・高き・あはれなる」は、それぞれ「花・山・こと」という名詞を下に連ねている。ところが、古文にあって、連体形は下の体言を言わずに、その体言を含みこんだ働きとなることがある。これを**準体法**という。形式上は、連体形の下に体言が付いていないからすぐわかる。たとえば「雪降るをよろこぶ」の「降る」がそれである。この準体法は現代語にない用法であるから、解釈の際には「降ることを」「降るのを」というように補うことが要求される。つまり、準体法は準体言（体言に準ずる用法となる表現）の一つということになる。

設問二

次の傍線部の下に適当な名詞を補ってみよ。

a　男ありけり。……伊勢、尾張の間の海づらを行く(1)に、波のいと白く立つ(2)を見て、（伊勢物語　七）

b　山のいただきの少し平らぎたる(3)より、煙は立ちのぼる。夕暮れは火の燃え立つ(4)も見ゆ。（更級日記）

解説

a　(1)「（男が）海づらを行くに」も、(2)「立つを」も、「見て」に係っていく（この係り方の発見のしかたは、この後の〈意味のまとまり〉以降を参照するとよい）ので、「行く」の下には「時・折」などの名詞を、「立つ」の下には「様子・さま・こと」などの名詞を補うとよい。

b ⑶「平らぎたるより」は「立ちのぼる」に係り、「たる」は助動詞「たり」の連体形であるから、その下に「ところ」などを補うと、文意は滞りなく続く。⑷「燃え立つも」の「立つ」は四段活用動詞の連体形である。「燃え立つも」が「見ゆ」に係るのだから、「燃え立つ」の後に「様子・さま・の」などを補う。

通解

a 男がいた。……伊勢・尾張の間の海辺を行く時に、波がたいそう白く立つ様子を見て、

b 山の頂上の少し平らになっているところから、煙は立ちのぼる。夕暮れ時は火が燃え上がる様子も見える。

古文の解釈の際に、原文にないのに補わないと現代語として不自然になるのは、「助詞の補い」と、準体法の際の「名詞の補い」との二つである。主語・目的語・述語などの成分の省略は、現代語にもあるものであり、補わなくても表現上の不自然さはない。つまり、補いとはいっても、前二者と後者は本質的に異なるものである。

2 内容を大づかみにする方法

逐語訳は、細かく分析する際にどうしても必要になるものであるが、その一方、内容を大きく摑《つか》んで読むことも大切になる。意味のまとまりを意識するのである。**意味のまとまりとは、一つ以上の主述関係を設定できる単位をいう。**

意味のまとまり(1)（意味の切れ目）

長い文を読んでいる時に、どこで内容の切れ目を見つけて読んだらよいのかということに注意してみる。ある程度の意味上のまとまりを認めて、それらのまとまりを相互に検討することで、息の長い文も読みやすくなるだろう。それにはまず次のようにするとよい。

①

「て・で・つつ」などは叙述を完結する力がないので、係っていく文節を求めながら、下へ読み進めていく。ただし、係っていく語句は直下にだけあるとは限らず、間を隔てて係ることもあるので、注意を要する。

②

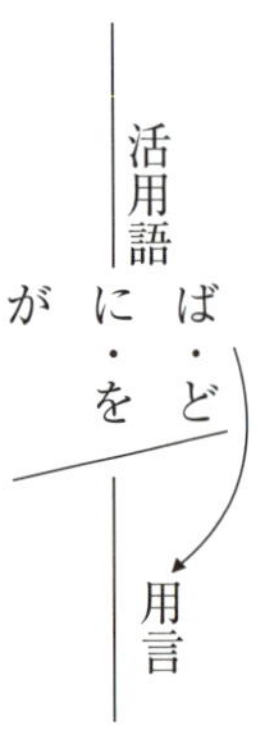

「ば・ど（ども）・に・を・が」などは、ある程度叙述がまとまったところに付くので、そこで意味のまとまりを想定していく。「に・を・が」は格助詞でも接続助詞でもかまわない。「ば・ど・に・を・が」で、主体は変わっても変わらなくてもどちらでもよいのである。「ば・ど・に・を・が」は係る用言との関係で考えるのである。

また、時を表す語句も独立させてみるとよい。そのような方法で次の文を読んでみることにする。

例題一

①これも今は昔、／②民部大輔《みんぶたいふ》篤昌《あつまさ》といふ者ありけるを、／③法性寺殿の御時、／④蔵人所の所司に良輔《よしすけ》とかやいふ者ありけり。／⑤くだんの者、篤昌を役に催しけるを、／⑥「我はかやうの役はすべき者にもあらず」とて参らざりけるを、／⑦所司舎人《とねり》をあまたつけて、苛法をして催しければ、／⑧参りにける。

（宇治拾遺物語　六二）

通解

これも今となっては昔のこと、民部大輔篤昌という者がいたが、法性寺殿（＝藤原忠通）の御治世、蔵人所の所司（＝役人）に良輔とかいう者がいた。その者が篤昌を労役にせきたてたところ、「私はこのような労役はするはずの者でもない」と言って、宮中に参上しなかった（篤昌を）所司（良輔）は舎人を大勢つけて手きびしく催促したので、（篤昌は）参上したのであった。

解説

①は時の表現。②は篤昌という者がいたということ。③も時の表現。④は良輔という蔵人所の役人がいたということ。ここまでは、単に事情の説明である。⑤の「くだんの者」は、篤昌か良輔かはここまでは不明であるが、この中に「篤昌を」と出るので、「くだんの者」は良輔であることがわかる。⑤は良輔が篤昌に労役を課したということ。⑥は篤昌が参上しなかったこと。⑦は良輔が舎人まで動員してきびしく催促したこと。⑧は篤昌があらがいきれずに参上したこと。

こうしてみると、意味のまとまりを考えて読むことによって、大筋を捉えやすくなるということがわかる。さて、もう一つ大事なことがある。それは、一つの意味的まとまりには、原則として主体か主語にあたるものが一つ（または一つ以上）設定できるということである。

この中で⑥⑧の主体（主語にあたる人）は明示されていない。それは内容的・構造的にわかるからである。この文中に用いられている助詞「ば」「を」の構造的理解に関することについて述べておく。

〔助詞「ば」について〕

主体以外の人で、動作の相手の人を客体という（p.158）。客体であることを表すのに、助詞「に」「を」をつけることが多い。さて、客体を持つ動詞 x の已然形に「ば」が付くと、それが係っていく動詞 y の主体は、x の客体であったものが来ることが原則である。それを図示すると次のようになる。

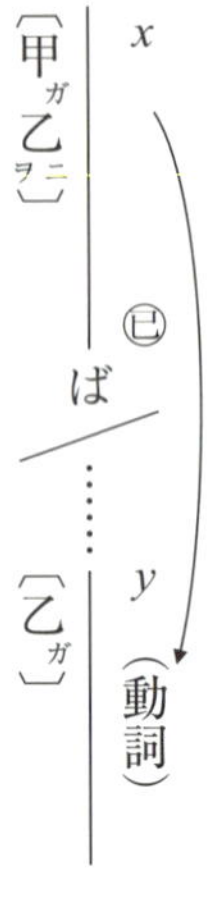

たとえば、「父が母に言へば」と出たら、それが係るのは、母が主体となっているところという具合である。これは、x の客体がわかれば y の主体がわかるということであるが、逆に、y の主体がわかれば x の客体もわかるということでもある。

これによって、例題一の『宇治拾遺物語』の文において、⑦の客体と⑧の主体が同一人物であると考えていける。

なお、原則というのは、例外もある。x の客体と y の主体が明らかに異なる時は、この例外と考えてゆく。たとえば、「太郎が花子を誘へば、次郎も来た」などの例である。例外は文が教えてくれるので、例外以外は原則通りと考えて読むのである。

〔助詞「を」について〕

「を」という助詞は、「絵を見る」「お茶を飲む」というように使われ、「を」を含む文節は必ず用言に係っていく。そこで、たまたま「を」の上が名詞でなく連体形である場合、目的格を表すもの以外に接続助詞としてのはたらきも持つようになる。まず、係り場所を決めて、「を」を含む部分と係るところがどうなっているかを確認していくようにする。その結果、次のように示せる。

――活用語（連体形）を／……――他動詞――（「を」は目的格格助詞）

――活用語（連体形）を／……――自動詞・形容詞ナド――（「を」は接続助詞）

これによって例題一の②の「ありけるを」は④の「ありけり」へ係る以外なく、「あり」は自動詞であるから、②の「を」は接続助詞となる。⑤の「催しけるを」は⑥の「参らざりけるを」に係るが、「参る」は自動詞であるので、⑤の「を」も接続助詞となる。⑥の「参らざりけるを」は、篤昌を主体とした表現で、⑦の「催しければ」に係る。「催す」は⑤の中で「篤昌を……催しけるを」と出る以上、他動詞と認定できるから、⑥の「を」は目的格となる。すると、⑥の「参らざりける」の下に名詞を入れて考えなければならず（つまり、準体法）、「篤昌を」として読むことになる。すると、⑦の「催しければ」の客体ということになり、⑧の「参りにける」の主体も「篤昌」と決められるのである。

意味のまとまり(2)

連体形に導かれる名詞や名詞句も意味的まとまりを成すものである。連体形という名称は、下に体言を付けるところからであるが、その体言を表さない用法もある。これを準体法といった。体言があろうとなかろうと、**連体形のところで叙述はまとまる傾向がある。**現代語でもそうである。例をあげる。

母が呼ぶのも無視して沖へと泳いで行った。

「呼ぶ」のは母であるが、「無視して泳いで行った」のは子である。「母が呼ぶのも」で一往の意味の切れ目を認めてみるとよい。

例題二

次は主上（天皇）がうとうととしていた時の記事で、大納言が「おやすみになってはいけない」と、そこにいた中宮に言った後である。

①「げに」など宮の御前にも笑ひ聞えさせ給ふも／②知らせ給はぬ程に、／③長女《おさめ》が童の、鶏を捕へ持て来て、「あしたに里へ持て行かむ」と言ひて隠しおきたりける、／④〈いかがしけむ、〉／⑤犬見つけて追ひければ、／⑥廊の間木《まき》に逃げ入りて、おそろしう鳴きののしるに、／⑦みな人起きなどしぬなり。／⑧上も、うちおどろかせ給ひて、「いかでありつる鶏ぞ」など尋ねさせ給ふに、

通解

「ほんとうに」などと、宮の御前（＝中宮）におかせられてもお笑い申しあげなさる、それをも帝はおわかりにならない時に、長女（＝雑用をする年長の女性）が使っている子どもが鶏をつかまえ持って来て「朝に実家へ持って行こう」と言って隠しおいてあった、その鶏を―どうしたのであったろうか―犬が見つけて追ったので、鶏は廊の間木に逃げこんでおそろしく大声で鳴きさわぐ、それで誰でも皆起きなどしてしまったようだ。主上も目をおさましになって「どうして（そこに）いた鶏だ」などとおたず

／⑨大納言殿の「声明王の眠りを驚かす」といふことを高ううち出し給へる、／⑩めでたうをかしきに、／⑪ただ人の眠たかりつる目もいと大きになりぬ。

（枕草子）

ねになる、その時に、大納言殿が「声明王の眠りを驚かす」という漢詩の一節を大声で吟誦していらっしゃる、それがすばらしく興味深いので、臣下である私の眠たかった目もたいそう大きくなってしまった。

解説

敬語や大事に取り扱わなくてはならない助動詞なども入っているので、厳密な解釈は多少むずかしいかもしれないが、大きく内容を把握するには、さしたる困難はないところである。

①の最後は「笑ひ聞えさせ給ふも」であるが、これは「笑ひ聞えさせ給ふコトも」のことで、叙述を一度切ってみる。①は中宮の動作である。②は、それもおわかりにならず、うつらうつらとしている主上の様子。③は「長女が童」を主体とした表現。④は挿入でありこれは後で詳述する（→p.221）。ただ、挿入はそれだけで独立するものであるから、③の「隠しおきたりける」は⑤の「犬見つけて追ひければ」に係っていく。すると、「隠しおきたりける」の「ける」は連体形で、準体法であるから名詞を補い、さらにその下に助詞も入れてみる。すると、「隠しおいてあった鶏を犬が見つけて」として、はじめて現代語として意味が通るようになる。「ける」という連体形（準体法）は、名詞句を作り、そこで一往の意味の切れ目を認めることになる。⑤は犬の動作。⑥は⑤の「ば」という助詞の用法などから鶏の動作。⑦は「みな人」が主体。⑧は主上を主体としたまとまり。⑨は大納言が主体となっているが、その最後は助動詞「り」の連体形「る」であり、これも準体法である。⑩へ係っていくのだが、その⑩は「めでたし」も「をかし」も形容詞である。ということは目的格をとらないから、「うち出し給へるコトガめでたうをかしきに」となる。この「る」という連体形（準体法）も名詞句となり、そこで意味的まとまりを考えるのである。⑨は⑩の主語ということである。⑪は「ただ人の（眠たかりつる）目」が主語で、それが大きくなったということである。

設問三

次の①〜⑩のそれぞれの意味的まとまりを考えてみよ。

①かかるほどに、／②冬になりぬれば、／③いとつれづれに世の中の恨めしきことのみ思へば、／④苦しきを、／⑤行ひは許されず。／⑥「心慰めに東の方へまからむ」と親に申しければ、／⑦ⓐ「なほこの正月の司召《つかさめ》しに／⑨その司すぐせ。ⓑそれにともかくもあらずはⓒ唐土《もろこし》へもいませよ」と宣ふに／⑧さはりて、待ちけるに／その司召しに空《むな》しうなりぬれば、／⑩思ひうんじはてて、さ言はでえあるまじき人のもとに、言ひやる。

うき草の身は根を絶えて流れなむ涙の川の行きのまにまに

（平中物語）

解説

①は時の表現。②は冬になったということ。③は男の心情を記した部分。「つれづれに」は連用形で、「思へば」に係る。「世の中の恨めしき」は「こと」の説明で、ここを「いとつれづれに……ことのみ思へば」と見ると、構造をつかみやすい。最後は「ば」であるが、客体がないので、前の法則は適用できない。「苦しきを」に係る。④も男の心情。「を」は接続助詞（逆接）。⑤は、男が仏道修行は許されないという状況説明。「れ」は受身。ここで文が一度切れている。最初の文は、「①→②→③→④→⑤。」という構造になっている。

⑥は男の親に対して言っている会話が中心。「親に申しければ」と出るのだから親の動作に係っていく。⑦がその親の動作。この中の会話は、独立させて考える。ⓑとⓒを切ったのは、「ずは」が仮定条件になるからである。⑧はその親のことばに妨げられた男を主体とした表現。⑨は待っていた司召しの除目においても任官できなかったこと。⑩の主体も男である。「思ひうんじはてて」は「言ひやる」に係る。ここも、「さ言はでえあるまじき」は人の説明である

から、「思ひうんじはてて、……人のもとに、言ひやる」と見ると、わかりやすい。二番目の文の構造は次のようである。

「⑥→⑦→⑧→⑨→⑩。」

通解

こうしているうちに、冬になってしまったので、たいそう所在なく世の中の恨めしいことばかり思っているので、どうにもせつなく苦しいのだが、仏道修行については許してもらえない。「心を慰めるために東国の方へ参ろう」と親に申しあげたところ、「やはり今度の正月の司召しの除目の機会まで待ちなさい。それに何の沙汰もなく任官できなかったならば、その時には唐土へでもお出かけなさい」とおっしゃるので、それに妨げられて出かけないで待っていたところ、その除目でも任官できなかったので、悲観しきって、そう言わずにはいられそうになかった女性のところに、次のように詠んでやる。

涙川の流れ行くまにまに、浮草のようなこのつらい身は、根こそぎ流れてしまうでしょう。

古文の文の構造

古文の文は、一文に複数のことがらをつぎつぎと叙述することがあり、これが現代文とは異なることでもある。意味のまとまりを一つの単位とし、どんな様子であるか図示してみよう。

―①―ば／―②―が／―③―を／―④―に／―⑤―

これらが順に直下へ係るものとして考えてみる（というのは、間を隔てて係ることもありうるのである）。①は②へ係り、②は③へ係り、③は④へ係り、……といった時に、①と②の関係を助詞「ば」が示し、②と③の関係を助詞「が」が示し、……となる。すると、①と③は無関係になることがある。それを次のように示してみる。

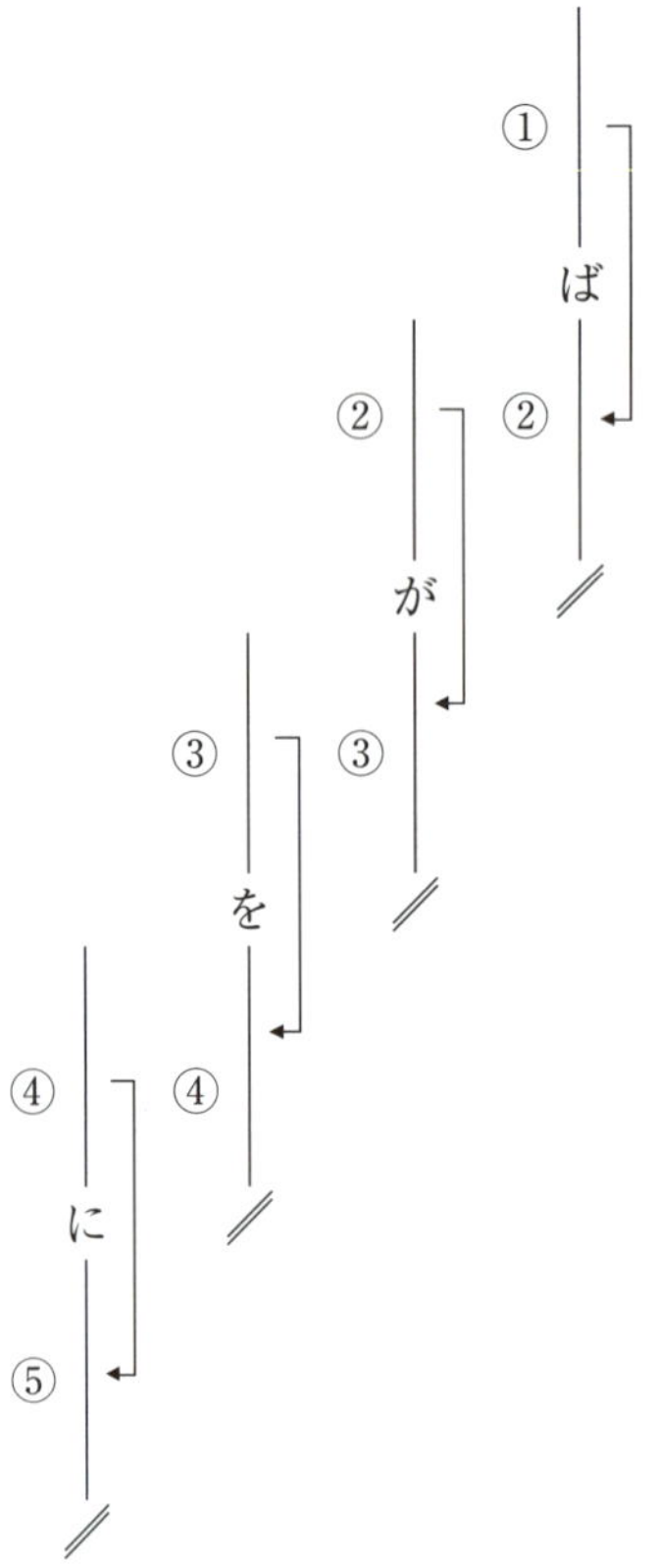

この構造を持つ一文を例題にしてみる。

例題三

次は、主上がかわいがっていた猫（名前は命婦のおもと）について述べたものである。なお、「馬の命婦」は猫の世話をする女官、「翁丸」は犬の名である。

①（上に候ふ）御猫はかうぶり賜はりて、命婦《みやうぶ》のおもととて、いとをかしければ、／②かしづかせ給ふが／③端に出でて臥したるを、／④乳母の馬の命婦、「あなまさなや。入り給へ」と呼ぶに／⑤聞かで、⑥（日のさしあたりたるに）うちねぶりてゐたるを、／⑦おどすとて、「翁丸いづく。命婦のおもと食へ」といふに、／⑧「まことか」とてしれもの走りかかりたれば、／⑨おびえまどひて御簾《みす》の内へ入りぬ。

（枕草子）

通解

主上のおそばにいさせていただく御猫は、爵位をいただいて、命婦のおもとといって、たいそうかわいらしいので、主上は大切にしていらっしゃる、その御猫が端の間に出て横になっている、その御猫を乳母の馬の命婦が「まあいけませんね。内にお入りなさい」と呼ぶ、その時に聞かないで、日のあたっている所に、ねむってじっと動かないでいる、それをおどすということで「翁丸はどこ。命婦のおもとを食え」という、その時に「本当か」と思って馬鹿者（＝翁丸）が走りかかったので、御猫はひどくおびえて御簾の内へ入ってしまった。

解説

①の「上に候ふ」は「御猫」の説明であり、①は猫がかわいいということ。②は、帝が大切になさるということ。そこで、①の最後の助詞「ば」は、①を②の理由として②へつなげる働きとなる。③は無敬語であることなどから、その主語にあたるのは「御猫」で、その猫が長々と寝そべっていること。②の最後の助詞「が」は主格となり、「端に出でて…」の主語「猫」を②の「が」の上に入れてみる（準体法）。④は、馬の命婦が猫を呼んだことだが、③の最後の助

詞「を」は「呼ぶ」の目的格となるから、③の「を」の上に「御猫」を入れる（準体法）。⑤は、その命令を聞かないで猫がねむっていたこと。⑥は⑤の中に埋められているが、日のあたっている場所を意味し、猫がねむっている所を示している。④の最後の「に」は「時に」と読んでも、逆接で「呼ぶのに」と読んでもどちらでもよいが、いずれにせよ、⑤の「聞かで」に係る。⑤の最後の助詞「を」は、⑦の「おどす」の目的格であるから、「を」の上に「御猫」を入れる（準体法）。⑦の最後の「に」は「時に」と読んでも、「いうので」・「いうと」と読んでもよいが、⑧の「走りかかりたれば」に係る。その⑧の「（犬ガ猫ニ）走りかかりたれば」は⑨の「（猫ガ）おびえまどひて……入りぬ」に係る。

さて、通解に示した解釈以外に、全文をつづける感じの解を途中まであげてみる。

……御猫は……かわいいので、帝が大切になさっている猫が、……横になっている猫を、……呼ぶ時に、………。

どんなものであろう、何を言っているのか見当もつかない。特に「…猫が猫を…呼ぶ」などとすると、猫が何匹いるのかわからなくなる。

意味のまとまりを認識し、それらを一つの単位として、下のどのまとまりへ、どのようにつなげるかを総合的に判断していくことが大事なことになるのである。つまり、意味のまとまりを押さえて、全体を見通し、係り方を考えてこそ、正しく読めるようになるのである。

設問四

次は、高倉帝の中宮建礼門院徳子に仕えていた作家の家集である。大まかにどんな内容を述べているのか考求せよ。

とにかくに、物のみ思ひつづけられて見出だしたるに、まだらなる犬の竹の台のもとなどしありくが、昔、うちの御方にありしが、御使ひなどに参りたる折々、呼びて袖うちきせなどせしかば、見知りて、馴れむつれ、尾をはたらかしなどせしに、いとようおぼえたる、見るもすずろにあはれなり。

犬はなほ姿も見しにかよひけり人のけしきぞありしにも似ぬ

（建礼門院右京大夫集）

（注）竹の台——清涼殿の東庭にある漢竹・呉竹の台。

解説

何も考えずに上から読んで来ると、何が何だかわからなくなる。それもそのはずで、歌の前は文が一つしかない。そこで、意味のまとまりを押さえ、それぞれがどこと直接意味上のかかわりを持つかを探求して大意をとることになる。わかってしまえば何ということもないものだが、どのように文を料理するかということを大事にしたい。

「とにかくに……見出だしたるに」は、作者があれやこれやと物思いをせずにいられない状態でいた時に、外に目を転じたということ。「見出だす」は現代語とは異なり、家の内にいて外の方を見るの意。

「まだらなる……しありくが」は、まだら模様の犬が竹の台の辺を餌を探して歩きまわっていること。「しありくが」の「が」はこの段階では何であるかはっきりとはしていないが、連体形に付いていることだけは注意しておく。

「昔……ありしが」は、昔、主上の所にいたということ。「ありしが」の主語は書いてない。ただし、ここに過去の助動詞「き」の連体形「し」が用いられていることは注目に値する。

「御使ひなどに参りたる折々」は、御使いなどに参上した時々の意。「御使ひ」と敬語が出ることに注意。

「呼びて袖うちきせなどせしかば」は、呼んで袖を着せなどしたのでの意。ここにも過去の助動詞が出る。

「見知りて……尾をはたらかしなどせしに」は、見知って、馴れまつわり、尾を動かしなどしたということ。「尾をはたらかし」から、主語にあたるのは犬であることがわかる。ここにも過去の助動詞が出る。総合的に考えると、主語にあたるのは、「昔……ありしが」という部分ということになり、「ありしが」は「ありし犬が」となる。「し」は準体法であったのである。

すると、犬が袖を着せたり、御使いに参ったりすることはないから、「呼びて袖うちきせなどせしかば」は、作者がであり、御使いに参ったのも作者ということになる。

「いとようおぼえたる」は、上に「……に」と出るから「似ている」の意と決められよう。「おぼゆ」は重要語の一つである。「たる」も準体法である。その結果、最後の「見るも……あはれなり」まで含めて、文の構造を次のように示せる。

（私ガ）見出したる（時）に、
……しありく（犬）が、〔………〕（犬）に、いとようおぼえたる（ノヲ）（私ガ）見るも……あはれなり。

さらに〔　　〕の中は次のようになる。

昔、うちの御方にありし（犬）が、（私ガ）御使ひなどに参りたる折々、（ソノ犬ヲ）呼びて袖うちきせなどせしかば、
（犬ハ私ヲ）見知りて、馴れむつれ、尾をはたらかしなどせしに

注
→ ←、〰 などの印は、係り方を図示したものである。
〔　　〕の中は、過去のこととしてまとめられることに気付いた人も多かろう（⬇p.78）。また、この文の内容については、「犬はなほ……」の歌からもわかることである（⬇第八講　和歌の解釈について）。

通解

あれこれと悲しい物思いばかりし続けずにいられなくて、部屋の内から外を見ている時に、まだら模様の犬が竹の台の辺などを餌でも求めて歩きまわっている、その犬が、昔、主上の所にいた犬で、私がお使いなどで主上の所に参上していた時々、呼んで袖を着せなどしたので、私を見知って慣れまつわり、尾を振りなどした犬に、たいそうよく似ている、それを見るにつけても、何ともいうこともなくしみじみ思われる。

眼前の犬は、やはり姿も昔私が宮中で見た犬に似かよっていることだなあ。しかし、仕えている人の様子は昔にも似ないありさまである。

第一講**2**は、内容を大づかみにする方法について述べたが、途中で参照項目を多く入れたように、詳密な読み方と相まって正しく読んでいけるのである。つまり、大づかみの読み方と詳密な読み方は車の両輪の関係にあるわけで、どちらか一方が欠けても正しい読みは期待できない。

そこで、これ以降は詳密な読み方を解説するが、その前に係り方を考える際に文節の概念がなければならないから、補説という形で記しておく。これは現代語の方がわかりやすいので、現代語を中心にして、例文に古文も混ぜる。

〈補説Ⅰ〉文法の単位と文節

1 文法の単位

ことばは、それを発する人と、受け取る人が共通の言語活動を営んではじめてその意味がわかるものである。ことばは小さな単位のものが集まって、その上の単位を作り、さらにそれらが集まって、またその上の単位を作るというように、順次組み合わされて、一つのまとまった思想などを伝える手段となっている。その単位を明らかにしておくことは文法を学ぶ際の大切な基礎となる。大きな単位から小さな単位へ順に表すと次のようになる。

文章 ―― 文 ―― 文節 ―― 単語

単語よりも小さな単位（接頭辞など）も実際には存在し、これも重要な単位ではあるが、ここではとりあえず除いておく。

① 文章 ―― いくつかの「文」から成り、まとまった思想・感情を表現し伝達するために一貫して述べられたことば全体。

② 文 ―― いくつかの「文節」から成り、ある一つのまとまった思想・感情を一つづきのことばで表したもの。文の終わりは必ず音声が断止する。文字で書き表した場合には句点（。）などを打って示すのが原則である。

③ 文節 ―― 一つ以上の単語から成る。文を実際のことばとして不自然にならない範囲で、できるだけ細かく区切って発音した場合の一区切りをいう。単語を自立語と付属語（助動詞・助詞）とに分けた場合、

1 一文節中に自立語は一つあって、二つ以上はない。
2 一文節中に付属語はいくつあってもよいし、なくてもよい。
3 文節の最初に付属語はこない。

などの性質がある。

④　単語——文節を構成する最小の単位であり、文節を相互に比較して得られるものである。たとえば、

上段	下段
海が	海が
海に	山が
海へ	湖が
海は	池が

とすると、上段に共通するのは「海」であり、下段に共通するのは「が」である。すると、「海が」という文節は、「海」と「が」とに分けられ、それぞれを一定の意味と文法上のはたらきをもつと認めることができる。あえてこのような手続きをふまなくとも、「海」「山」「が」「に」などがことばの基本単位であることを経験的にわかっていればそれでよしとされようが、ことばの構造を明らかにしていく場合には種々の文法的検討が必要になるのである。

2 文節と文節との関係

二つ以上の文節が、意味や形の上で互いに関係しあってまとまることを、文節が結びつくという。その際、前の文節は後の文節に係るといい、後の文節は前の文節を承《う》けるという。逆に言えば、係り方を考える際には、原則的には、文節を単位とするということである。この関係をここでは→←で表すことにする。その結びつき方は、ふつう次の五種に分けられる。

① 主語・述語の関係
② 修飾・被修飾の関係
③ 対等（並立）の関係
④ 補助・被補助の関係
⑤ 独立語

① 主語・述語の関係（主述関係）

何ガ・ドウスル　（花が咲く。春すぎて。夏来にけらし。）
何ガ・ドンナダ　（天気がよい。花がきれいだ。光のどけき春の日）
何ガ・何ダ　（これが真相だ。春はあけぼの。）

② 修飾・被修飾の関係

承ける文節の内容を説明し、はっきりさせる文節を修飾語といい、承ける文節を被修飾語という、被修飾語が体言（名詞・代名詞・数詞）であるとき、その修飾語を連体修飾語といい、用言（動詞・形容詞・形容動詞）に係るとき、その修飾語を連用修飾語という。

(イ) 連体修飾語・被修飾語の関係

ドウスル
ドンナ
何ノ
　　　・何

（咲く花、たのみたる人）
（美しい顔、たのもしき人）
（私の本、奈良の小川）

(ロ) 連用修飾語・被修飾語の関係

ドンナニ
何ヲ（ニ・ヘ・…）
ドウスルカラ（スレバ・ケレド・…）
　　　・
ドウスル（ひどく笑う。ちょっとにがい。いとをかし。）
（本を読む。学校へ行く。同じ所にあり。）
ドンナダ（見ればわかる。見るけれど見えない。催しければ参りにける。
子孝せむと思へども親待たず。）

なお、連用修飾・被修飾の関係のうち、述語のある文節、または連文節（二つ以上の文節が一まとまりになって、一つの文節と同じ資格を持ち、同じ働きをする）が、他の述語のある文節、連文節に続く場合に、**接続・被接続の関係**（接続語）ともいう。「見ればわかる……」のグループはそれにあたる。

③　対等（並立）の関係
互いに結びついていて、主述関係でもなく、修飾・被修飾関係でもなくて、意味上対等の内容をもつ結びつきをいう。

みかんもりんごも好きだ。　君とぼくとは、友達だ。　行きちがふ馬も車も徒歩人も……。
大きく、美しい湖　楢《なら》の木のはるかに高きが立てるを
花が咲き、鳥が歌う。　言ひ驚き、あさみ笑ひ、嘲る者どももあり。
（「花が咲き」・「鳥が歌う」は、それ自体主述関係であるが、それぞれがまとまって、対等の関係となっている。）

④　補助・被補助の関係
形の上では修飾・被修飾の関係に似ているが、下の文節が上の文節に補助的な意味を添える役割を果たす関係をいい、上を被補助語、下を補助語という。例えば、

詩を　つくる。

という文で、「つくる」の下にいろいろな言い方を付けて、さらに細かい意味を添えてみる。

詩を　つくってみる。（試みる）
詩を　つくっている。（進行中の動作）
詩を　つくってしまう。（完了している）
詩を　つくってもらう。（動作をうけている）

これらは、どの文も「つくる」が主な意味で、「みる・いる・しまう・もらう」は（　）の中の補助的な意味を添

えるために結びついたものということができる。補助の関係は何よりも先に一まとまりになり、その上で他の文節と関係を結ぶことになる。

次の傍線部はすべて、補助語である。

(1) 書いてある。　――ている。　――ておく。　――てみる。　――てしまう。　――てくれる。
　――てほしい。　――てあげる。　――てもらう。　――ていただく。

(2) お書きになる。　書きなさる。　お頼みする。　お願い申し上げる。　書き給ふ。　書き奉る。

(3) よくありません。　うつくしうございます。

(4) 猫である。

(5) 猫でない。　この国の人にもあらず。

(6) 書いてない。

(7) よくない。　きれいではない。

⑤ 独立語

他の特定の文節と結びつくというより、むしろ文全体と意味的に関連するもの、また、他の文節の関係の間に入って、その結びつきをはっきりさせる文節をいう。感動詞・接続詞は常に独立語となる。

(1) はい、わかりました。

(2) 孝子さん、こちらへいらっしゃい。

(3) これは高価だし、しかも、珍しいものだ。

第二講

活用について

1 活用形の用法

活用とは

日本語における活用とは、一つの語が、どんな文節を作るか、またどんな付属語（助動詞・助詞）を付けるかなどによって、規則的に形を変えることをいう。たとえば「歌ふ」と「受く」という動詞の下に付属語などを付けてみる。

歌は　ず　　受け　ず　（未然形）
歌ひ　て　　受け　て　（連用形）
歌ふ　。　　受く　。　（終止形）
歌ふ　に　　受くる　に　（連体形）
歌へ　ども　受くれ　ども　（已然形）
歌へ　。　　受けよ　。　（命令形）

この時、「歌は」「歌ひ」「歌ふ」などと、「受け」「受く」「受くる」などとの意味はそれぞれ同じであるのに、下に付属語が付いたために形が変わっている。これを活用といい、その活用によって生じた語形を活用形という。その活用形には名称が与えられていて、古典文法では、**未然形・連用形・終止形・連体形・已然形・命令形**という（現代語では、已然形とはいわず、仮定形という）。この名称は各々の用法のうちの代表的用法から名づけている。

活用形の決め方

さて、「受く」の未然形と連用形とは、ともに「受け」なのに何故分けたのだろうか。その理由は次のようなものである。

「歌は」と「受け」とは音は違っていても、「ず」という助動詞を下接する点で共通している。同様に「て」という助詞を下接させるということで「歌ひ」と「受け」は共通している。

A　歌は（ず）　　a　受け（ず）

B　歌ひ（て）　　b　受け（て）

として、二つを対応させると、

「ず」を下接させるということで　　A＝a

「て」を下接させるということで　　B＝b

A「歌は」とB「歌ひ」とは形が違うので　　A≠B

∴a≠b

となり、aの「受け」とbの「受け」は別の活用形と考えるのである。

すると、「歌ふ。」の「歌ふ」と「歌ふに」の「歌ふ」が別の活用形であることも理解できよう。活用形を六つに定めたのはナ行変格活用の活用による。**ナ行変格活用は、すべて活用形の語形が違う**ものである（⇒p.44）。

活用形の用法

前述のように、活用によって生ずる語形を活用形というが、各活用形は、単独でどんな文節を作るか、また、どんな付属語を付けるかが決まっている。これを活用形の用法という。

	単独の用法	付属語をつける用法（助動詞）	付属語をつける用法（助詞）
未然形		る・らる・す・さす・しむ・ず・む・むず・じ・まし・まほし	ば・で・ばや・なむ〈終助〉
連用形	連用法 中止法	き・けり・つ・ぬ・たり・けむ・たし	て・つつ・ながら
終止形	第一終止法	らむ・らし・べし・まじ・めり・なり（伝聞・推定） 注	とも
連体形	第二終止法 連体法 準体法	なり（断定）・ごとし	が・に・を・ぞ・のみ・かな
已然形	第三終止法	り	ば・ど・ども
命令形	命令終止法		や・よ・かし

注
・ラ変型活用語に「らむ・らし・……」が付く時は連体形に付く。
・助動詞「り」は、四段活用動詞には已然形に、サ変動詞には未然形に付く。
・助動詞「き」は、カ変・サ変に付く時は特別な接続になる。

連用法――用言に連なる用法。「思ひ初む」「書き給ふ」など。
中止法――読点で切るなどして、文をいったん中止する用法。ふつう、「花咲き、鳥歌ふ。」のように、対等の関係の上位対等語となる。
第一終止法――文のふつうの言い切りの用法。通常終止法ともいう。「山見ゆ。」など。
第二終止法――「ぞ・なむ・や・か」の係りを連体形で結ぶこと。「山ぞ見ゆる。」など。
第三終止法――「こそ」の係りを已然形で結ぶこと。「山こそ見ゆれ。」など。
命令終止法――命令の意で言い切る用法。「汝、行け。」など。
連体法――連体修飾語になる用法。「起くる時」、「机上にある書」など。
準体法――それ自体が体言を含みこんだ意味・資格として用いられる用法。「雨など降るさへをかし」「雁などの連ねたるが、いと小さく見ゆる、いとをかし」など（p.10）。

中止法

次に連用形の用法である**中止法**にふれておきたい。中止法とは、述べることを一旦中止する用法である。現代語で言うと、「静かに読書をし、ゆっくりと音楽を聞きたい」という時の「し」（サ行変格活用の連用形）である。ところが、この中止法は単に切れる時もあるが、中止法の箇所が対の関係の前項になることも多い。そうした場合、おもしろいことがおこる。中止法の箇所をaとし、それと対になっている語をb、さらにbに下接する語をnとしてみる。前の現代文例では

a……し、　b……聞き　n……たい

とする。対句は一番最初に内容的にまとまるので（a＋b）と表せる。その時aが中止法であると、（a＋b)n とい

うことが多いのである。括弧をはずすと、an + bn となる。つまり、「……読書をしたい＋……音楽を聞きたい」という意味と同じになる。nに打消表現が来た時は十分気をつけて解釈する。

設問一

次の文章を解釈せよ。

命ある者を見るに、人ばかり久しきはなし。かげろふの夕べを待ち、夏の蟬の春秋を知らぬもあるぞかし。

（徒然草　七）

解説

この文は、人の一生は長いという趣旨である。この中の「かげろふの夕べを待ち」と「夏の蟬の春秋を知ら」は対句となり、「待ち」は中止法である。すると、「待ち」をa、「知ら」をb、「ぬ」をnとすることができる。すると、「待ち」の下にも「ぬ」を入れて考えてよいことになる。この「ぬ」は「知ら」という未然形に付くのだから打消助動詞「ず」の連体形である。そこで、「かげろふの夕べを待たず、……」と考えられ、解釈上も矛盾がなくなる。解釈の際は「……aたり、……bたりなどn」とするか「anたり、……bnたり」とするかのいずれかがよい。ここでは「蜉蝣が夕べを待ったり、夏の蟬が春秋を経験したりすることのない……」とするか、「蜉蝣が夕方を待たずに死んだり、夏の蟬が春秋を経験せずに死んだりする……」としておくのである。「蜉蝣が夕方を待って死ぬ」などは常識から言っても論外な解釈なのである。「知らぬ」の「ぬ」は準体法である。

通解

命のあるものを見ると人ぐらい長生きのものはない。蜉蝣が夕方を待たずに死んだり、夏の蟬が春秋を知らなかったりすること（短命なこと）もあることだよ。

副詞法

連用形という名称は、その活用形が用言に係る（用言を連ねる）ことができるというところからである。それを連用法というが、形容詞や形容動詞の連用法を特に**副詞法**ともいう。これは、その連用形が副詞のように下の用言を修飾するところからの命名である。たとえば次の傍線部のような用法である。

(1) 雨、いみじう降りぬ。
(2) 心にくくおぼゆ。
(3) まめやかにもてなしつ。

「いみじう・心にくく・まめやかに」という形容詞・形容動詞の連用形は、下の動詞をそれぞれ修飾している（下の動詞に係っている）。形容詞・形容動詞の連用形は、先の中止法にもなるし、この副詞法にもなるので注意を要する。

設問二

次の傍線部(1)・(2)・(3)は中止法か副詞法か。

よき人の、(1)のどやかに住みなしたる所は、さし入りたる月の色も、ひときはしみじみと見ゆるぞかし。(2)今めかしくきららかならねど、木立もの古《ふ》りて、わざとならぬ庭の草も心あるさまに、簀子《すのこ》・透垣《すいがい》のたより(3)をかしく、うちある調度も昔おぼえてやすらかなるこそ、心にくしと見ゆれ。（徒然草　一〇）

解説

傍線(1)の「のどやかに」は形容動詞「のどやかなり」の連用形である。「――やか」は、「――げ」「――らか」とならんで、形容動詞の語幹を作る接尾辞である。「のどやかに」は動詞「住みなす」を中心とした「住みなしたる」に係っている。そこで、これは副詞法と見ることになる。次に、文章の流れにそって解説を加えていく。「よき人」とは「身分が高く、教養もある人」の意が普通。「見ゆるぞかし」の「見ゆる」は連体形である。「見えることだよ。」の意。傍線(2)で注意するのは、「今めかしく」が形容詞の連用形で、下の「きららかなら」という形容動詞と対句を形成している点である。その「きららかなら」の下の「ね」は打消助動詞「ず」の已然形である。ここは

今めかしく
きららかなら ｝ねど、

の形で考えるのが順当である。「今めかし」とは「当世風だ・今ふうだ」の意。「わざとならぬ」とは「わざと手入れをしたり植えつけたりしたのでなく、自然のままの」の意。「心あるさまに」の「心ある」とは「情趣のある」という意。「さまに」の「に」は断定助動詞「なり」の連用形で、中止法。傍線(3)の「をかしく」も中止法。ここは次のような構造である。

……庭の草も　心あるさまに、
簀子・透垣のたより　をかしく、
……調度も……　やすらかなる
（モノ）こそ、心にくしと見ゆれ。

三つが対句になって、その最後の「やすらかなる」が準体法である。「心あるさまなるモノ」「をかしきモノ」「やすらかなるモノ」と同じである。「昔おぼえて」の「おぼえ」は下に助詞「て」を付けているから連用形である。

通解

身分も高く教養もある人が、ゆったりとして心静かに住んでいる所は、さし込んでくる月の光も、一段としんみりと見えるものだよ。当世風でもなく、けばけばしくもないけれど、木立ちが時代を感じさせて、自然のままの庭の草も情趣のあるものであったり、簀子や透垣の具合もおもしろいものであったり、ちょっと置いてあるような道具も、昔を髣髴《ほうふつ》とさせて、わざとらしく凝っていないものであったりするのは、奥ゆかしいと思われるものである。

設問三

次の文を解釈せよ。

花は盛りに、月はくまなきをのみ見るものかは。雨にむかひて月を恋ひ、たれこめて春のゆくへ知らぬも、なほあはれになさけ深し。

（徒然草　一三七）

解説

冒頭文は、「花は盛りに」と「月はくまなき（を）」が対になっている。「盛りに」は形容動詞「盛りなり」の連用形で、ここは中止法である。一方、「くまなき」は形容詞「くまなし」の連体形で、ここは下に名詞をとらないので準体法である。すると、この文は次のような構造だと見ることになる。

花は　盛りに、
月は　くまなき
（トキ）をのみ見るものかは。

その結果、「花は盛りであったり、月は隈なく澄みきったりしている時をだけ」とか「花は盛りである時をだけ、月は隈なく澄みきっている時をだけ」と解することになる。「見るものかは」の「かは」は反語の意を持つ終助詞である（➡p.151）から、「見るものではない」の意。

次の文は、「雨にむかひて月を恋ひ」と「たれこめて春のゆくへ（ヲ）知らぬも」が対である。「恋ひ」は動詞の連用形で中止法。その「恋ひ」と対応するのは「知らぬも」の箇所である。その結果次のようにまず考える。

……月を恋ひ、
……春のゆくへ（ヲ）知ら ｝ ぬ（コト）も……

「……月を恋ひぬも、……春のゆくへ知らぬも」となると「ぬ」が打消助動詞「ず」の連体形であるから、その解釈は、「雨にむかって月を恋い慕わなかったり、……」となるが、これでは前文の「月はくまなきをのみ見るものかは」と矛盾する。そこで、次のように考える。

……月を恋ひ、
……春のゆくへ（ヲ）知らぬ ｝（コト）も……

すると「雨にむかって見えない月を恋い慕ったり、部屋に閉じこもっていて春がどうなったのかを知らないでいたりすることも」となって文意は通るはずである。つまり、形式からまず考えるのだが、そこで内容を吟味して意味を考え、文意が前後と矛盾するようであれば、別の形式（前とは異なる係り方・受け方）を想定するのである。

特に、aが連用形中止法、それに対応するbの下に付くnに否定的要素が来た場合は注意を要する。それは(a＋b) n＝an＋bn となる場合と、(a＋bn)・m＝am＋bnm となる場合があるからである。この箇所は、後者の方であったのである。

さて、最後の「なほあはれになさけ深し」は、「あはれに」が形容動詞「あはれなり」の連用形であり、下に出る「なさけ深し」も形容詞であるから、「あはれに」を中止法と見る。その結果、

なほ ｛ あはれに、
なさけ深し。

と考える。aを「あはれに」、bを「なさけ深し」、nを「。（句点）」と見て、「なほあはれなり。なほなさけ深し。」としてもよいのである。

通解

花は盛りである時をだけ、また月は隈なく澄みきっている時をだけ見るものではない。雨にむかって見えない月を恋い慕ったり、部屋に閉じこもっていて春がどうなったのかを知らないでいたりすることも、やはりしみじみとしたり、情趣深かったりするものだ。

設問四

次の傍線部の活用形は何形か。

a 都ともおぼえぬ所
b よくおぼえぬべし。

解説

これまでに見てきたように「おぼえ」の下の「ぬ」で判断するわけだが、実は活用のあるのは動詞だけでなく、形容詞・形容動詞と助動詞も活用があり、「ぬ」はその助動詞なのである。そこで「ぬ」の下も見ていく。aの方は「所」

という名詞が来ているから連体形と決める。連体形が「ぬ」になるのは打消助動詞「ず」であり、この「ず」は未然形に付く。そこで**a**の「おぼえ」は未然形となるのである。一方、**b**の「ぬ」は下に助動詞「べし」が来ている。「べし」は終止形に付くから、この「ぬ」は終止形と決める。終止形が「ぬ」になるのは、俗に完了助動詞と呼ばれる語で、これは連用形に付く。だから**b**の「おぼえ」は連用形となるのである。答えを出すのはここまででよいのだが、この結果を用いて解釈するとどうなるか。

a　都とも思えない所

b　自然とよく思えてしまうにちがいない。

となる（とりあえず、助動詞未習の者は文法の教材で助動詞の活用・接続などを参照しておいてほしい（基本助動詞活用表 ⬇p.264）。職能などについては第三講以降に詳述する）。同じような形に見えても、活用形を正しく理解しておかないと、付属語のことがわからなくなり、正しい解釈はおぼつかないのである。

2 活用の種類とその解釈

動詞の活用

これまで、中止法や準体法といった活用形の用法について述べた。今回は活用の種類を考え、それと解釈について述べてみたい。

活用を考える時、まず**動詞の活用に習熟しておく**とよい。その活用をコンパクトな形で表にすると次のようになる。

	未然形	連用形	終止形	連体形	已然形	命令形	語例
四段活用	a	i	u	u	e	e	
上一段活用	i	i	iる	iる	iれ	iよ	注2
上二段活用	i	i	u	uる	uれ	iよ	
下一段活用	e	e	eる	eる	eれ	eよ	蹴る
下二段活用	e	e	u	uる	uれ	eよ	
カ行変格活用	こ	き	く	くる	くれ	こ こよ	来
サ行変格活用	せ	し	す	する	すれ	せよ	為・おはす
ナ行変格活用	な	に	ぬ	ぬる	ぬれ	ね	死ぬ・往ぬ
ラ行変格活用	ら	り	り	る	れ	れ	あり・をり・侍り・いまそがり

注1　a・i・u・eは語尾の音の段を表す。たとえば、カ行のa段は「か」であり、サ行のe段は「せ」といった具合である。

注2　上一段活用は、カ行・ナ行・ハ行・マ行・ヤ行・ワ行にしかない。つまり、語としては、「着る」「煮る・似る」「干る」「見る」「射る・鋳る」「居る・率る・用ゐる」などである。ただし、「試みる・鑑みる・顧みる」などは「みる」の複合語であるから、上一段活用である。

なお、表としてはこのように示したが、練習をする時には「行かズ・行きテ・行く。・行くトキ・行けドモ・行け」とか「受けズ・受けテ・受く。・受くるトキ・受くれドモ・受けよ」とかして、活用語尾だけを言うのでなく、単語を単位とし、それに付属語を付けて言う習慣にしておくと、様々な面で効果的である。

さて、活用の種類はどのようにして決めるのかを次に示すことにする。

活用の種類の決定

①　変格活用四種と一段活用二種については語を記憶しておく（語が限られているからである）。

②　①以外の語（四段活用と上下二段活用）は次のようにして決める。

(イ)　活用形をわり出し、それを基に決める。

(ロ)　(イ)で決められない場合は、助動詞「ず」・助詞「て」を付けて決める。

活用形をわり出して、それに基づいて活用の種類を決めるためには、それぞれ付属語がどんな活用形に付くのかを知っておく必要がある。〈1 活用形の用法〉に出した表であるが、付属語を付ける用法の部分を再掲する。

	助動詞	助詞
未然形接続	る・らる・す・さす・しむ・ず・む・むず・じ・まし・まほし	ば・で・ばや・なむ〈終助〉
連用形接続	き・けり・つ・ぬ・たり・けむ・たし	て・つつ・ながら
終止形接続	らむ・らし・べし・まじ・めり・なり（伝聞・推定）注	とも
連体形接続	なり（断定）・ごとし	が・に・を・ぞ・のみ・かな
已然形接続	り	ば・ど・ども
命令形接続		や・よ・かし

注　ラ変型活用形に「らむ・らし・……」が付く時は連体形に付く。

もちろん、これ以外でも、中止法なら連用形とか、準体法なら連体形とか、「こそ」の結びなら已然形とかのように、単独の用法もあるわけだが、まず、付属語が何形に付くのかを、最初はこの表を参考にしながら確認するとよい。

設問五

次の傍線を施した動詞は何行何活用か。

a　いづち往ぬるぞ。（宇治拾遺物語）

b　かの大将は、才もかしこくいますかり。（宇治拾遺物語）

c 明日は、これが衣着かへさせてゐてむ。（蜻蛉日記）

d 尻をほうと蹴(1)たれば、失(2)せぬるなり。（宇治拾遺物語）

e まだ古《ふ》りぬものにはあれど、（源氏物語　浮舟）

f かきみだる心地のみして、（和泉式部日記）

g この僧ひとりは生けむ。（宇治拾遺物語）

h 生ける心地もせで、（大鏡）

解説

a 記憶しておく動詞「往ぬ」（ナ行変格活用）の連体形である。①の段階で決められる。その下の「ぞ」は連体形に付き、文末に置かれて断定を表す終助詞。

b ①で決められる。ラ行変格活用「いますかり」の終止形である。

c 「ゐ」の下に「てむ」が付いている。「てむ」は、助動詞「つ」の未然形に、助動詞「む」の付いた形である。助動詞「つ」は連用形に付く語であるから、「ゐ」は連用形と決められる。連用形が「ゐ」となる動詞の終止形は「ゐる」である。これは①の段階で決定できる。ただ「ゐる」という動詞には「居る（＝すわっている・じっとしている）」と「率る（＝つれていく・引率する）」とがあるので、意味上注意すべきである。ここは「率る」の意。ワ行上一段活用である。未然形の下に「ぬ」と出たら、それは打消助動詞と決定するように、動詞などの活用形から助動詞のわかることもあるが、ここのように、助動詞からその上の活用形や活用の種類を判定することもある。つまり、動詞がわからなければ、助動詞は全くわからないが、その一方、助動詞がわかって、動詞も完全にわかることになる。

d ⑴も①で決められる。唯一の下一段活用をする語で、下に助動詞「たり」を付けているから、カ行下一段活用の連用形である。「蹴る」は、現代語ではラ行五段活用になっているので誤りやすい。⑵の「失せ」は記憶しておかねばならない語ではない。つまり、①の段階では決定できず、②の段階で考える。その下の「ぬる」は連用形に付く助動詞「ぬ」の連体形であるから、「失せ」を連用形と見る。連用形語尾が「せ」とe段音であるのだから、サ行下二段活用と決める。次に②の(イ)の段階を表にしておく。

	未然形	連用形	終止形	連体形	已然形	命令形
四段活用	**a**	i	u	**u**	**e**	**e**
上二段活用	**i**	i	u	uる	uれ	**iよ**
下二段活用	**e**	**e**	u	uる	uれ	**eよ**

ここで太字になっているのは、②の(イ)ですぐに決められる。それ以外は②の(ロ)の段階で決定することになる。

e 「古り」も②の段階で決める。その下の「ぬ」は前講でも書いたように誤りやすい助動詞である。「ぬ」の下に「もの」とあるから連体形となる。連体形が「ぬ」であるのは、未然形に付く打消助動詞「ず」である。そこで「古り」を未然形と見る。未然形語尾がi段音であるのは上二段活用ということになる。もちろん、ラ行である。

f 「かきみだる」は下に名詞「心地」を付けるから連体形である。連体形語尾がu段音であるのは四段活用である。「みだる」は現代語「みだれる」と活用の異なる語である。ラ行四段活用である。

g 「生け」は、その下に未然形に付く助動詞「む」を付けているから、未然形である。未然形語尾がe段音であるからカ行下二段活用となる。

h 「生け」は、その下に「る」が付くが、この「る」は名詞を下接しているから連体形で、連体形が「る」となるのは、存続助動詞「り」（已然形に付く）である。ということは、この「生け」は已然形ということで、②の(イ)からカ行四段活用と決められる。「生く」という語はここで見る限りにおいても、四段活用と下二段活用とがあることになる。さて、そんな場合は大概次のようなことが言える。

同一終止形｛四段活用／下二段活用――四段活用の意に、使役性の意味が加わっていることが多い。｝

「生く」でいえば、四段活用では「生きる」の意だが、下二段活用はそれに使役的な意を加えて「生かす」ということになる。次の項目で、このことをもう少し詳しく見てみよう。

通解

a どこへ行くのだ。
b あの大将は、学問もすぐれていらっしゃる。
c 明日は、これの衣を着かえさせて、つれていこう。
d 尻をぽんと蹴ったところ、姿が見えなくなってしまったのだ。
e まだ古くならないものではあるけれど、
f 心を乱す感じばかりがして、
g この僧一人は生かそう。
h 生きている気持ちもしないで、

設問六

次の文を読んで、後の問に答えよ。

今日はそのことをなさむと思へど、あらぬいそぎまづ出で来て、まぎれくらし、待つ人は障《さは》りありて、(1)たのめぬ人は(2)来たり、たのみたる方のことはたがひて、思ひよらぬ道ばかりはかなひぬ。
（徒然草　一八九）

（注）あらぬいそぎ――そのこと以外の急用。

（問）(1) どんな意味か。 (2) 何行何活用か。 (3) 全文を解釈せよ。

解説

この文を一読して、次のような構造だとつかめるとよい。（前講参照）

今日はそのことをなさむと思へど、あらぬいそぎまづ出で来て、まぎれくらし、
待つ人は障りありて、たのめぬ人は来たり、
たのみたる方のことはたがひて、思ひよらぬ道ばかりはかなひぬ。

(1) さて、設問を考えてみよう。まず「たのめぬ人」についてである。「人」という名詞を下に付けているから「ぬ」は打消助動詞「ず」の連体形である。打消助動詞は未然形に付くので「たのめ」を未然形と見る。未然形語尾がe段音であるから、この「たのめ」は下二段活用となる。

「たのむ」も四段活用が一方に存在する。「たのみたる方」の「たのみ」は四段活用である。すると、「生く」で見た場合のように整理できる。

たのむ ｛ 四段 ―― 頼りにする・あてにする。
　　　 ｛ 下二段 ―― 頼りにさせる・あてにさせる。

下二段活用の「たのむ」は、「相手が自分を」という時に用い、四段活用の「たのむ」は「自分が相手を」ということで、活用によって人物関係も変化するので注意を要する。「たのむ」という動詞が出た時には、四段か下二段かにこだわる必要がある。

ここは下二段活用の「たのむ」に打消「ぬ」が付いたのであるから、「こちらを頼みに思わせない人」ということである。つまり「私に待たせる気をおこさせない人」ということになる。

(2) 次に「来たり」である。これは文の構造を見ると、「まぎれくらし」や「かなひ」と対の関係になっているから、一語の動詞と見る。「来たる」は「来至《きいた》る」から生じた語で「至る」が四段である以上、四段活用の語となる。活用の行はいうまでもなく、ラ行である。カ変「来」に助動詞「たり」の付いた語と錯覚しないことが大切である。

(3) 最後に「たがふ」と「かなふ」が反対語であることに気をつける。「かなふ」は「思い通りうまくいく・うまく成就する」などの意である。そして全文を解釈していく。

通解

今日はこれこれのことをしようと思っていても、そのこと以外の急用が先におこって、それにまぎれて一日中すごしたり、あてにして待っている人はさしつかえがあって（来ないで）、私に待たせる気をおこさせない人がやって来たり、たのみにしている方のことはあてがはずれて、思いもよらぬ方面のことばかりはうまくいったりしてしまう。

後で詳説するが、敬語動詞の「たまふ」も四段活用と下二段活用とでは全く意味・用法を異にする（⬇p.181）。

(1)「これなり」とぞ思ひ給ひける。
(2)「これなり」となむ思い給へし。

(1)の「給ひ」は、下に助動詞「けり」を付けていて、「給ひ」が連用形であることから四段活用と決められる。これは尊敬語である。そこで「お思いになった」と解せる。一方、(2)の「給へ」は下に過去の助動詞「き」の連体形「し」を付けている（係助詞「なむ」の結びのため連体形となっている）。過去助動詞「き」は連用形に付く語であるから、「給へ」は連用形となり、その結果、(2)の「給へ」は下二段活用ということになる。下二段の「たまふ」は会話文中に出、その動作主体は一人称という、対者敬語の一つである。そこで「私は思いました」の意となる。活用の種類を確かにしておかないと、正しい解釈のできない一つの例である。

といっても、すべての語についてビクビクしているわけではない。どんな語に対して注意するのかというと、授業などで気を付けよと言われた語に留意していけばよいのである。この講で出した**「生く」「たのむ」「給ふ」**などはその中でも特に大事である。他に**「なぐさむ」・「止《や》む」・「立つ」・「かづく」**などにも注意するとよかろう。次にもう一つ設問を付す。

設問七

次は、作者が兄弟たちの反対をおしきって大嘗会《だいじょうえ》の御禊《ごけい》の日に初瀬へ参詣する時のことである。なお、文中の「ちごどもの親なる人」は作者の夫、橘俊通である。傍線部の意味を考えよ。

ちごどもの親なる人は「いかにもいかにも心にこそあらめ」とて、言ふに従ひて、出だし立つる心ばへもあはれなり。

（更級日記）

解説

「出だし立つる」は下に「心ばへ」という名詞を付けているから連体形である。連体形語尾が「uる」であるから二段活用ということになる。もちろん下二段活用である。一方「立つ」には四段活用もある。そこで下二段活用の「立つ」は「立たせる」の意となり、ここは「私を出発させる配慮」ということになる。言うまでもなく「出だし立つる」の主体は「ちごどもの親なる人」である。

通解

子どもの親である人、（つまり私の夫は、）「どうでもどうでも、おまえの思うままでよかろう」といって、私の言うのに従って、私を出発させてくれる配慮のほども、しみじみありがたい。

〈補説Ⅱ〉形容詞と形容動詞の活用

自立語で、活用があり、終止形語尾が「し」であるものを形容詞という。また、自立語で、活用があり、終止形語尾が「なり」「たり」であるものを形容動詞という。

1 形容詞

英語の形容詞（adjective）は名詞を修飾するものであり、動詞の修飾語にはなれず、また、それだけでは述語にもなれない。しかし、日本語の形容詞は、

山高し。
高き山
高く飛ぶ。

というように、述語にも、連体修飾語にも、連用修飾語にもなる。日本語の形容詞は、名称は英語と同じであっても、英語の形容詞とは異なるものである。形容詞と動詞との違いは活用のしかたはいうまでもないが、表す意味にも違いがあり、形容詞は性質や状態を超時間的に表すことが多い。そこで、どのような場面で、どんな意味になるのか注意したい。また、用法で特筆すべきは、語幹の用法があることである。

ク活用とシク活用について

「たかし」と「うれし」の二語を活用させてみる。

たか｜くテ　　うれ｜し｜くテ
たか｜し。　　うれ｜し｜。
たか｜き山　　うれ｜し｜きコト
たか｜けれドモ　　うれ｜し｜けれドモ

「たかし」は、活用の際に形を変えない部分（語幹）と形を変える部分（語尾）とにきちんと分けられる。それに対し、「うれし」は、形を変えない部分は「うれし」までであるが、そうすると、終止形語尾がなくなるので、終止形語尾「し」を出すために、便宜的に「うれ」を語幹と見なそうということにした。その結果、**連用形語尾が「く」となるものをク活用、「しく」となるものをシク活用という**のである。換言すると、形を変えない部分（「―」で切った）と語幹（「┄」で切った）とが一致するのがク活用であり、形を変えない部分と語幹とが一致しないのがシク活用であるということになる。

よく耳にする、「ク活用の語幹、シク活用の終止形」というのは、ともに活用の際に形を変えない最大部分ということなのである。また、これを用いるものを語幹用法という。

	未然形	連用形	終止形	連体形	已然形	命令形
ク活用		く	し	き	けれ	
ク活用（補助活用）	から	かり		かる		かれ
シク活用		しく	し	しき	しけれ	
シク活用（補助活用）	しから	しかり		しかる		しかれ

注1　ク活用・シク活用とは、各、連用形が「く」となるもの、「しく」となるものである。

注2　未然形に「く」「しく」をおく説もあるが、未然形の用法といわれる助詞「は」をつけた「――くは」「――しくは」は連用形の用法とすべきなので、本書では未然形に「く」「しく」はおかない。

補助活用

補助活用は、連用形「く・しく」にラ変動詞「あり」が付いて、「くあり・しくあり」となり、それが「かり・しかり」となったもので、**主として形容詞の下に助動詞を付けるために発達**したものである。ただし、断定助動詞「なり」は本活用の連体形に付く。

今日の間は楽しくあるべし。（万葉集　巻五）

楽しくあるべし → 楽しかるべし

従って、本来終止形に付く助動詞「べし・らし・らむ・めり・まじ・なり」が形容詞に付く場合は、「あり」に付く場合と同じく連体形に付くのである。そうすると、終止形に助動詞の付く用法が形容詞にはないことになり、一方に本活用の終止形があるから、終止形の「――かり・――しかり」は必要がないのである。

しかし、「多く」に「あり」の付いたところから生れた「多かり」だけは例外である。

月日多かり。（更級日記）

うれはしきことのみ多かるに、（源氏物語　帚木）

月日しもこそ世に多かれ。（更級日記）

などとなり、平安時代は次のような活用表が作れる。

多	から	く かり	かり	かる	かれ	○

ところが平安末期以降は、

尋ねて来る人その数多し。（今昔物語　巻一七）
そらごと多き世なり。（徒然草　七三）
財多ければ、（徒然草　三八）

などとなるのである。「多かり」だけは特殊であると考えればよいのである。

語幹用法

動詞にはない用法である。語幹用法というのはク活用に限り、シク活用では終止形がそれに準ずる。つまり、活用の際に形を変えない最大部分の用法ということである。

①感動文

あな心憂。（枕草子）
あなかしこ。（竹取物語）
あな心憂の事や。（枕草子）

感動文は、「あな——《語幹》の〜《名詞》や」が基本形式で、形容詞の語幹が出れば、他は略されてもかまわない。

②接尾辞「ながら」を下に付けて、逆接条件を作る。

うるさながら、人としてかく難なきは、かたかりける。（源氏物語　野分）

身はいやしながら、母なむ宮なりける。（伊勢物語　八四）

③接尾辞「さ・み・げ・ら」などを付け、全体で名詞や形容動詞の語幹を作る。

かたじけなさ

いと清げなる僧

清らなる女

2 形容動詞

形容動詞という名称は、意味は形容詞に近く、活用はラ変動詞に似ているというところに基づく。活用は次のようになる。

	未然形	連用形	終止形	連体形	已然形	命令形
ナリ活用	なら	なり に	なり	なる	なれ	なれ
タリ活用	たら	たり と	たり	たる	たれ	たれ

注　形容動詞は、「に・と」にラ変動詞「あり」が付いて、「にあり」「とあり」が各「なり」「たり」となったものである。

用法は、他の用言に準じて考えていけばよい。なお、タリ活用は、語幹が漢語であるという特色を持つ。

3 解釈上重要な連用形の用法

形容詞・形容動詞、ならびに「べし・まほし・……」「なり（断定）」などの形容詞・形容動詞型活用の助動詞の連用形は、副詞法・中止法があり、その判断は解釈上重要であるが、もう一つ、次の形式にも留意したい。それは、**連用形に「思ふ」が付いた時**で、これを**「終止形＋と＋思ふ」として読める**ということである。図示すると、次のようである。

形容詞 形容動詞 型 連用形

・思ふ（見る ナド）

⇩

終止形・と・思ふ（見る ナド）

実例をあげてみる。

あぢきなく思ふ。 → あぢきなしと思ふ。

いみじくおぼゆ。 → いみじとおぼゆ。

あはれに見ゆ。 → あはれなりと見ゆ。

現代語にもあるこの読み方は、構造を理解する際にも活用でき、便利である。

第三講

助動詞の解釈

1 助動詞とは

助動詞は、活用のある付属語である。そして、助動詞は、その基本形（終止形）において一拍（かな一文字で表される音）または二拍のものが多く、自立語に付いて、それにある一定の意味を付け加えるはたらきをする。また、助動詞が他の助動詞に付くこと、つまり助動詞どうしが重ねて用いられることもあるが、その重なり方には一定の順序がある（⬇p.124）。

日本語の助動詞と英語の助動詞（*auxilary verb*）とは本質的に異なるものである。英語の助動詞は、本来動詞である*do, can, will*のようなものが、文中において本動詞の意味を補い助ける働きからの名称である（日本語では、補助動詞がその働きをする）。

He can speak Japanese well.

Do you know?

従って、それは単独で用いられることもある。

Can you get up at 5?　*Yes, I can.*

しかし、日本語の助動詞は単独で用いられることは、普通はない。

五時に起きられるか。　はい、られる。

とは言わない。必ず自立語に付いて、「起きられる」のように用いられるものである。

さて、助動詞が上の自立語に、ある意味を付け加える（前の文の「られる」は可能の意を添加した）という場合、それは主として上の用言の叙述のしかたにかかわってくる。ということは、助動詞は単に上の用言に付くというより

も、上の用言に係る文節まで含めた全体の叙述を助けるといった方がよい場合が多い。たとえば、

昔、おじいさんは山へ柴かりに出かけた。

の助動詞「た」は、「昔」と照応していて、「おじいさんは山へ柴かりに出かける」こと全体を過去として述べているのである。また、

花咲かむ。

の、助動詞「む」は「花咲く」ということが実現する前に、未来において「花咲く」という事態が実現するだろうという判断を表している。つまり、推量という立場から表現していることを示しているのである。

「一定の意味を付け加える」というのは、単に上の用言だけでなく、その用言に係る諸文節も含めて、全体を過去とか推量とかの言い方でまとめるということなのである。その際、過去や推量を、その**助動詞の職能（意味）**という。

助動詞の分類

助動詞はその性質上、**1**どんな職能か、**2**どんな活用をするか、**3**どんな語や活用形に付くか、の三方面から分類できる。

1　職能による分類

① 自発　る・らる　「レル・ラレル」
② 可能　る・らる　「レル・ラレル」

③　受身　る・らる　「レル・ラレル」
④　尊敬　る・らる・す・さす・しむ　「レル・ラレル」
⑤　使役　す・さす・しむ　「セル・サセル」
⑥　打消　ず・じ・まじ　「ナイ・ヌ・マイ」
⑦　推量　む・じ・けむ・らむ・らし・べし・まじ・めり・まし・なり　「ウ・ヨウ・マイ・ラシイ」
⑧　過去　き・けり　「タ」
⑨　完了　つ・ぬ・たり・り　「タ」
⑩　希望　まほし・たし　「タイ」
⑪　断定　なり・たり　「ダ」
⑫　比況　ごとし　「ヨウダ」
⑬　伝聞　なり　「ソウダ」

これは、ことばのいろいろな面を考える際に、一番入りやすい意味の面から分類したものだが不都合もおこる。たとえば、「る・らる」はその多義性によって自発・可能・受身・尊敬の四つに分けられたのに対し、「べし」は推量の他に多くの職能を表すのにその項目がとりあげられていない。また、「む・べし・めり・……」などは厳密には異なる職能を持つが、その事態を推し量るということで推量に一括されている。他にも不合理な点はあるが、古文の解釈にあたって、おおよその意味の理解につながるという実用性を持っている。「完了の助動詞、ぬ」とか「推量の助動詞、む」とか呼ぶのはこの分類に基づくわけだが、「ぬ」は完了だけ、「む」は推量だけというのではない点に気をつけたい。

2　活用による分類

動詞型	四段	む・けむ・らむ
	下二段	る・らる・す・さす・しむ・つ
	サ変	むず
	ナ変	ぬ
	ラ変	たり（完了）・なり（断定）・り・けり・めり・なり（推定・伝聞）
形容詞型		まほし・たし・べし・まじ・ごとし
特殊型		ず・まし・き・じ・らし

注　断定の「なり」は、厳密には形容動詞型となる。

3　接続による分類

① 未然形に付くもの　る・らる・す・さす・しむ・む・むず・まし・まほし・ず・じ・り（サ変だけ）
② 連用形に付くもの　き・けり・つ・ぬ・たり（完了）・けむ・たし
③ 終止形に付くもの　べし・らむ・まじ・らし・めり・なり（推定・伝聞）――ラ変型には連体形に付く
④ 連体形に付くもの　なり（断定）・ごとし
⑤ 已然形に付くもの　り（四段だけ）　注　命令形に付くとする説もある。
⑥ 体言に付くもの　なり（断定）

2 助動詞詳説（その一）

ず

打消の助動詞「ず」の活用は次のようなものである。

ず		ず	ず				
	(な)	(に)		ぬ	ね	○	
	ざら	ざり		ざる	(ざれ)	(ざれ)	補助活用

注 「な」「に」は上代に用いられた。ただ、このように整理すると、ナ行系列は四段活用型であるとわかる。

一番左の「ざら・ざり・……」は、連用形「ず」にラ変動詞「あり」が付き、それが約されて「ざり」となったものので、補助活用という。この補助活用は主として、その下に他の助動詞を付けるために発達したものである（形容詞の補助活用と同性質である）。なお、補助活用の終止形が存在しない理由を考えておくとよい。それは、終止形接続の助動詞はラ変型には連体形に付くため、「あり」を内含する「ざり」に終止形は必要ないからである。

行かざらむ。
行かざりけり。
行かざるべし。

また、補助活用は、漢文訓読の影響をうけた文では下に助動詞を付けない場合でも用いられることがある。

設問一

次の**a**・**b**の文中より打消の助動詞を含む文節を抜き出せ。

a 今様の事どもの珍らしきを言ひ広め、もてなすことこそ、またうけられね。世にこと古りたるまで知らぬ人は、心にくし。いまさらの人などのある時、ここもとに言ひつけたることくさ、物の名など、心得たるどち、片端言ひ交《か》はし、目見あはせ、笑ひなどして、心知らぬ人に心得ず思はすること、世なれず、よからぬ人の必ずあることなり。（徒然草　七八）

b この歌は、都近くなりぬるよろこびにたへずして、言へるなるべし。「あはぢの御の歌に劣れり。ねたき。言はざらましものを」とくやしがるうちに、夜になりて寝にけり。（土佐日記）

（注）あはぢの御――「淡路の島の老女」といった意。

解説

a 「珍らしき」は形容詞の連体形で、準体法である。「言ひ広め」は中止法で、「もてなす」と対になっている。「もてなすことこそ」とあるので、「うけられね」の「ね」は已然形と見る。この「ね」が打消の助動詞「ず」の已然形である。ちなみに、その上の「られ」は可能と見てよい（⇩p.112）。「知らぬ人は」の「ぬ」は「知ら」という未然形に付いている点から言っても、下に名詞「人」を付けている点から言っても打消「ず」の連体形ということになる。「心にくし」は「おくゆかしい」の意（形容詞）。「いまさらの人」とは、「今新たに来た人、会合の場所などへはじめてやって来た人」のこと。「ここもとに」は「こちらで・自分の方で」の意。「ことくさ」と「物の名」は対。「心得たる」の「心得」はア行下二段動詞の連用形。「言ひ交はし」「見あはせ」はともに中止法で、「笑ひなどし」と対になる。「心知らぬ人」の「ぬ」も打消「ず」の連体形。「心得ず」の「ず」は下の「思はする」という用言に係ることから、連用形と見る。「世なれず」の「ず」は連用形で中止法。「よからぬ」と対になる。その「よからぬ」の「ぬ」も「ず」の連体形。「よからぬ人」と「よからぬ」の下に「人」を付けているから、ここは「世なれぬ人、よからぬ人」の意となる。

b　「この歌」というのは、ここでは書いていないが、直前の「疾《と》くと思ふ舟なやますはわがために水の心の浅きなりけり（＝早く早くと思う舟をこまらせるのは、私に対して水の思いやりが浅いからなんだなあ）」という歌を指している。「たへずして」の「ず」は下に接続助詞「して」を付けているから連用形である。「たへずして」とは、「たえられないで」の意で、具体的には「都が近づいたうれしさにじっとしていられなくなって」の意。「言へるなるべし」の「る」は後述の助動詞「り」の連体形である。「あはぢの御の歌」は少し前に出た歌で、「やっとここまで来たけれど、河の水が浅いので、先へ進めない」と詠んだ歌をいう。「劣れり」の「り」も助動詞「り」の終止形。「ねたき」は形容詞「ねたし」の連体形で準体法。「ねたきことよ」となる。結果としては体言止めと同じ働きで、一種の感動を表す用法。「言はざらましものを」の「ざら」は下に助動詞「まし」が来たために補助活用となっている。「ず」の下に助動詞をとる場合は補助活用を用いる（ただし、断定「なり」を除く）という性質は読んでいく上で大切なことである。たとえば、

　見ずなりぬ。

といった時、「ず」という本活用が出ている以上、「なり」を助動詞と見てはいけないといったこともわかる。この

「なり」は「なる」という動詞の連用形である。もし、「ず」の下に断定の助動詞を付けるのなら、「見ざるなり」となるし、「ず」の下に伝聞推定の助動詞を付けるなら、「見ぬなり」となるのである。

通解

a 当世風のことごとで珍らしいことを言いひろめたり、とりあつかったりすることは、また納得ができない。世の中で旧聞になるまで知らずにいる人はおくゆかしい。今新たに来た人などがいる時、自分たちだけで言っていたことや物の名などを、わかっている人同士で、その一端を言いあったり、目を見合わせたり、笑いなどをしたりして、事情のわからない人に合点のいかぬように思わせることは、世間なれをしていない、教養のない人が、きっとすることである。

b この歌は、都が近くなったよろこびに我慢できないで、詠んだのであるにちがいない。「淡路の御の歌に劣っている。しゃくなことよ。詠まなければよかったのに」と残念がっているうちに、夜になって寝てしまった。

たり・り

「たり」は助詞「て」にラ変動詞「あり」のついた「てあり」から生じた語であり、「り」はラ変動詞「あり」から生じた語である。助動詞などで、その終止形が「り」となっているものは、すべてラ変動詞「あり」を内在している（これをラ変型活用語という）。そこで、活用は次のようになる。

たり	たら	たり	たり	たる	たれ	たれ
り	ら	り	り	る	れ	れ

その職能は、よく存続と完了というけれど、ともにその成立から「…テアル・…テイル・…タ」という現代語に該当すると考えるのがよい。存続とは、過去のあるところから現在に至るまでその存在が継続しているということである。また、日本語の完了とは終わったということを表すが、過去のあるところでその動作が終わり、その結果が現在に至るまで継続している場合、動作自体は終わっているところから、これを完了という。「り」「たり」は存続なのか完了なのかと識別することよりは、文中にその助動詞があると認識することの方が重要である。

接続については、「たり」は「てあり」から生じたということであるから、「て」が連用形に付く以上、「たり」も連用形に付くのである。一方、「り」は、他の動詞の連用形に「あり」が付いたと考える。たとえば、「咲きあり」であるが、ローマ字で書き表すと、sakiari となり、これでは母音が重複するので、ia の中間音 e 音に発音上変化し、「咲けり」となったのである。その「り」を助動詞と認定したのである。「あり」が下接するという条件、連用形に i 段音を持ち、同時にその活用の中に e 段音も持つという条件を重ねると、結果として「り」という助動詞は四段活用動詞とサ変動詞にしか付かないということになる。サ行で e 段音というと「せ」であるから、サ変の「せ」（未然形）に付いたと見るし、四段活用で e 段音というと、已然形か命令形語尾であるから、四段活用の已然形（命令形）ともいうのである。つまり、本来の已然形（命令形）に付いたのではなく、音が変化した結果、已然形（命令形）と同音のものに付いたように見えているというのである。大切なことは、**「り」は e 段音に付き、一方、「り」の上は四段動詞かサ変動詞**であるということだ。

設問一の **b** の『土佐日記』の中で、「言へるなるべし」の「る」も、その上は e 段音「へ」であり、四段動詞「言ふ」の已然形（命令形）「言へ」に付く「り」の連体形だとすぐにわかる。「あはぢの御の歌に劣れり」の「り」も、その上の「劣れ」が e 段音であることを確認しておくとよい。

設問二

次の文の中にある助動詞「たり」「り」を指摘せよ。

a　すさまじきもの、よろしう詠みたりと思ふ歌を人のもとにやりたるに、返しせぬ。（枕草子）

b　楠の木は木立多かる所にも殊にまじらひ立てらず。（枕草子）

c　野中に、丘だちたる所に、ただ木ぞ三つ立てる。その日は雨にぬれたる物どもほし、国にたちおくれたる人々待つとて、そこに日を暮らしつ。（更級日記）

d　予、物の心を知れりしより、四十あまりの春秋を送れるあひだに、世の不思議を見ることややたびたびになりぬ。（方丈記）

e　人をやりて見するに、おほかたあへる者もなし。（徒然草　五〇）

解説

a　「詠みたりと」の「たり」は、その下に引用の助詞「と」が来ているから、助動詞「たり」の終止形。「やりたるに」の「たる」は助詞「に」を下接しているから、「たり」の連体形である。

b　「立てらず」の「ら」は、下に打消助動詞「ず」を付けている以上、未然形と見、上接語の「立て」の活用語尾がe段音であることから、助動詞「り」の未然形と決める。「立て」は四段活用動詞「立つ」の已然形（命令形）ということもわかる。

c 「丘だちたる所」の「たる」はその下に名詞「所」を付けているので、「たり」の連体形。「立てる」の「る」は、「立て」というe段音に付いているから、「り」の連体形（係助詞「ぞ」の結びである）。「立て」は四段活用動詞「立つ」の已然形（命令形）で、「立てる」の意味は「立っている」であり、「立てる」と誤訳をしないようにしたい。「雨にぬれたる」の「たる」、「たちおくれたる」の「たる」はそれぞれ名詞を下接していて、「たり」の連体形である。

d 「知れりしより」の「り」は、「知れ」とe段音に付き、過去助動詞「き」の連体形「し」を下に付けているので、「り」の連用形。「知る」は四段活用動詞である。「送れる」の「る」も「り」の連体形。こちらは、その下に「あひだ」という名詞を付けている。「送る」も四段活用動詞。

e 「あへる」の「る」が「り」の連体形。e段音に付いている。「あへ」は四段活用動詞「あふ」の已然形（命令形）であり、「あっている者」の意味である。「あえる者」と誤訳をしないように。「おほかた」は否定と呼応して「まったく」の意（➡p.268 呼応の副詞）。

通解

a 興ざめなもの、まずまず普通に詠んだと思う歌を人のもとにやった折に（やったのに）、その返歌をしないこと。

b 楠の木は木立の多い所にも、特にまじって立っていない。

c 野中に、丘のようになっている所に、ただ木が三本立っている。その日は雨に濡れた物などを干し、一足遅れて（上総の）国を出発した人々を待つということで、そこで一日過ごした。

d 私が、物事がわかり始めてから四十年余りの月日を送っている間に、現実の世界で、予測しがたい事を見る事が何度にもなってしまった。

e 人をやって見させるが、まったく出会っている人もいない。

つ・ぬ

「つ・ぬ」も「たり・り」も、ともに「完了の助動詞」という。そのため、完了という職能の語は全て同じと誤解することがある。しかし、「つ・ぬ」と「たり・り」とは違うのである。一度整理しておいた方がよかろう。

「**つ**」と「**ぬ**」は異なる語であるが、文中での職能は似通っている。「石投げつ」に対して「花咲きぬ」となるような例を基にして、古来言われているその差をいくつかあげてみる。

① 「つ」は他動詞に接続し、「ぬ」は自動詞に接続する。
② 「つ」は動作的・故意的であり、「ぬ」は状態的・自然的である。
③ 「つ」は有意性の動作を表す場合に用い、「ぬ」は無意志性の動作を表す場合に用いる。
④ 「つ」には行動的・意欲的性格が強く、「ぬ」には凝視的・詠嘆的な性格が強い。
⑤ 「つ」は事実状態の直写に用いられ、「ぬ」は傍観的説明に用いられる。

などがあるが、どれか一説だけで割り切れるものではなく、また実例においてあてはまらないこともある。いずれにせよ、そこに「つ・ぬ」の存在を確認できるようにしておくことである。活用は次のようである。

つ	て	て	つ	つる	つれ	てよ
ぬ	な	に	ぬ	ぬる	ぬれ	ね

「つ・ぬ」の職能は、それを確かにはっきりと述べようという表現者の気持ちを表すために用いられているのである。これを**確述**・**確言**と言う。確定したことは確かに述べられるから、よく完了したことに用いられる。そこで完了と称するのである。一方、未確定なことに「つ・ぬ」を用いると、未確定なことをはっきり言うことになり、これを強意

と称することになる。

つ・ぬ ｛終了・確定したことに用いる　……完了
　　　　未了・未確定な中で用いる　……強意

注 「未確定なこと」とはまだその事態が現実とはなっていないもので、推量・願望・仮定・命令などを含む表現であることが多い。

その「つ・ぬ」を現代語に置きかえると（つまり、訳語としては）、「…テシマウ・…タ」にあたる。よく「…テシマウ」は完了だけと考える人もあるようだが、未確定なことにも用いることができる。「読んでしまいたい」や「寝てしまえ」などは未来にかかわる表現で、その中に「…テシマウ」を用いているが、これらは「読みたい」「寝ろ」を確かにはっきりと言っているわけで、「…テシマウ」を用いて叙述を強めていると考える。

設問三

次の傍線部を解釈せよ。

a うたた寝に恋しき人を見てしより夢てふものは頼みそめてき　（古今集　恋二）

（注）夢てふ――「夢といふ」のこと。

b 船子ども腹つづみを打ちて、海をさへおどろかして、波立てつべし。　（土佐日記）

c 用ありて（人の許《がり》）行きたりとも、そのこと果てなば、とく帰るべし。　（徒然草　一七〇）

d ものへまかりける人を待ちて師走のつごもりに詠める

吾が待たぬ年は来ぬれど冬草のかれにし人は訪れもせず　（古今集　冬）

（注）冬草の――「枯る」の同音異義から「離《か》る」にかかる枕詞。

解説

a 「頼みそめてき」の「き」は過去の助動詞で、連用形に付く。つまり「て」は連用形ということになるから、助詞ではなく、助動詞「つ」の連用形と見る。「頼み初《そ》む」とは「頼りにしはじめる・あてにしだす」の意（「――初《そ》む」は「…しはじめる」の意の補助動詞）。そこで「頼みそめてき」は、「過去においてすでに、頼りにしはじめてしまった」ということである。「つ」が出る以上、積極的・意志的な感じを持っている。なお、「夢てふものは」の「は」は、「…ヲバ・…ニ対シテハ」の意となる。

b 「立てつべし」の「べし」は当然という職能を持ち、終止形に付く（→p.91）。つまり、「つ」は助動詞「つ」の終止形である。推量系の助動詞と一緒に用いた「つ」であるから、未確定なことを強く言う用法ということになる。ちなみに、「つ」の上接語「立て」は、下二段活用であり、他動詞である。

c 「果てなば」の「な」は、助動詞「ぬ」の未然形である。未然形に助詞「ば」が付いて仮定条件となる。仮定表現の中で用いられているから、この「な」（「ぬ」の未然形）は強意となる。また、「果て」は助動詞「ぬ」を下接しているから、連用形と見る。「果つ」は自動詞である。

d 「年は来ぬれど」の「ぬれ」は助動詞「ぬ」の已然形である（助詞「ど」を下接している）。已然形に「ど」が付くと、逆接の確定条件となる。確定表現の中での助動詞「ぬ」であるから、確定をはっきり言う（完了）となる。「吾が待たぬ年」の「ぬ」は打消助動詞「ず」の連体形である。「かれにし人」の「に」は助動詞「ぬ」の連用形、「し」

は過去助動詞「き」の連体形である。「かれにし人」は、「私から離れていってしまった人」の意となる。

通解

a うたた寝に恋しく思っている人を見てしまった時以来、夢というものをば頼りにしはじめてしまった。

b 水夫たちは腹つづみを打って、海をまでもおどろかして、波を立ててしまうにちがいない。

c 用があって人の許に行ったとしても、そのことが終わってしまったならば、はやく帰るのがよい。

d どこかに参ってしまった人の接待の用意などを整えて待って、旧暦十二月の月末に詠んだ歌

私が待っていない年の方は来てしまったけれど、私から離れていってしまった人の方は、おとずれさえもしない。

なお、「つ・ぬ」が未確定な表現に用いられた場合、一般的には強意とすると述べたが、それは、まだ終了していない場合といってもよい。有名な『伊勢物語』の東下りの所で、渡し守がぐずぐずしている主人公達に

「はや舟に乗れ。日も暮れぬ」

と言う。当時、日が暮れた後に旅をすることはよっぽどの時以外は考えられないから、この時も日暮れになる前であろう。すると、ここは「日も暮れてしまった」というよりも、「日が暮れる」ということを強めて、「日も暮れてしまう」と言って、舟出を促したと解するのがよいことになる。推量・仮定などはなくても、内容的に動作が終了していない場合の「ぬ」も、俗に言う強意の用法ということになる。

しかし、くどいようだが、完了・強意と分けるのは結果の問題であり、「つ・ぬ」を確認して、解釈上にいかしていければよいのである。

き・けり

過去の助動詞「**き**」の活用は特殊型である。

き	（せ）	○	き	し	しか	○

注 未然形の「せ」は「せば」という時にのみ現われる。また、この「せ」を過去の助動詞とは認めない考えもある。また、連用形に接続する助動詞であるが、カ変・サ変動詞に付く時は、特別な接続となる。

一方、「**けり**」の活用はラ変型である。

けり	（けら）	○	けり	ける	けれ	○

設問四

次の傍線部を解釈せよ。

a むかし、男、わづらひて、心地死ぬべくおぼえければ、

つひに行く道とはかねて聞きしかど昨日今日とは思はざりしを　（伊勢物語　一二五）

b 男は、「この女をこそ得め」と思ふ。女は「この男を」と思ひつつ、親のあはすれども、聞かでなむありける。（中略）女、返し、

くらべこし振分髪も肩すぎぬ君ならずして誰かあぐべき　（伊勢物語　二三）

（注）振分髪《ふりわけがみ》――子どもの髪型で、頭の頂きから左右に分けて、肩のあたりで切り揃えたもの。

c むかし、男、初冠《うひかうぶり》して、奈良の京春日の里に知るよしして狩にいにけり。　（伊勢物語　一）

（注）初冠して――「元服をして」の意。

d 駿河なる宇津《うつ》の山辺のうつつにも夢にも人にあはぬなりけり　（伊勢物語　九）

（注）駿河なる宇津の山辺の――「うつつ」を導く序詞。

解説

過去の助動詞が付くということは、それが過去においておこったことだという判断を示すということになる。**a**で、「かねて聞きしかど」とあるが、それを明らかにしている好例である。同じ**a**で「思はざりしを」の「し」は「き」

の連体形であるが、これも「思はざり」が過去においてのことだと示しているのである。またbの「くらべこし」も同様で「くらべ来」は過去の出来事だとしている（「し」の上の「こ」はカ変の未然形である）。

一方、「けり」は、本来気付きの意味であり、それに今気が付いたという気持ちを表すために用いている。今気が付いたというのは、事態そのものは前から存在していたわけで、そこから**過去の意味**にもなるが、「そういう事だったのだなあ」という気持ちにもなるのだから、**詠嘆の意味**にもなるのである。詠嘆の意味になるのは、引用文中や和歌の中で用いられた場合が多い。cの「狩にいにけり」は、過去において狩に出かけたということであるが、dの「けり」は和歌の中で用いられていて、「恋しいあなたに逢わないのでありますなあ」という意味である。

通解

a　昔、男がわずらって、死にそうに感じられたので、（詠んだ歌）
最後には誰しもが行く死という道があるとは前もって聞いていたけれど、それが昨日や今日というさし迫った時であるとは、前は思いもしなかったのに。

b　男は「この女を自分のものにしよう」と思う。女は「この男を（夫にしよう）」と思い思いして、親が他の男と結婚させようとしたけれど、聞き入れないでいた。（中略）女が男に返した歌、
昔、あなたと長さをくらべあってきた私の振分髪も肩のあたりを過ぎてしまった。あなた以外の誰のためにこの髪を結いあげようか、あなたのため以外にそのつもりはない。

c　昔、男が元服をして、奈良の京の春日の里に、所領の縁があって、狩に出かけた。

d　駿河の国にある宇津《うつ》の山の「うつ」ではないけれど、「うつつ（現実）」でも、「夢」の中でも、あなたに逢わないことですなあ。

過去助動詞「き・けり」については、あと二点述べておきたいことがある。

①「けり」と比べてみた時に、**「き」は直接体験的な過去**であることが多い。

②「き」や「けり」は、**ある程度叙述をまとめる力がある。**

の二点である。

①について、次の文章を見てみよう。

例題一

後徳大寺大臣の、「寝殿の鳶《とび》ゐさせじ」とて縄を張られたりけ(1)るを、西行が見て、「鳶のゐたらむ、何かは苦しかるべき。この殿の御心さばかりにこそ」とて、その後は参らざりける(2)と聞き侍るに、綾小路宮の、おはします小坂殿の棟に、いづぞや、縄をひかれたりしか(3)ば、かの例《ためし》思ひ出でられ侍りし(4)に、「まことや、烏の群れゐて池の蛙をとりければ、御覧じかなしませ給ひてなむ」と人の語りし(5)こそ、「さてはいみじくこそ」とおぼえしか(6)。徳大寺にもいかなる故か侍りけん。

（徒然草　一〇）

（注）後徳大寺大臣――左大臣藤原実定。歌人。一一九一没。

西行――歌人。『山家集』の著書。一一九〇年没。

通解

後徳大寺大臣が、「寝殿に鳶をとまらせまい」と言って縄をお張りになったのを、西行が見て「鳶がとまっているようなのは、何もさしつかえないではないか。この殿の御心も、そんな程度であったのか」と言って、その後は参上しなかったと聞いていましたところ、綾小路宮が、御自身がおいでになる小坂殿の棟に、いつであったか、縄をおひきになったので、あの西行の例が思い出されましたが、「本当はね、烏が群れ集って池の蛙を取ったので、それを御覧になって、かわいそうにお思いになって（なさったのだ）」と人が語ったので、それはまことにご立派なことだと思わずにはいられなかった。徳大寺の方にも何かの理由があったのでございましょうか。

綾小路宮――亀山天皇の皇子、性恵法親王。京都綾小路の妙法院に住んだ。兼好と同時代の人。

小坂殿――妙法院の別称。

解説

この文章で、兼好（一二八二～一三五〇）は、自分の直接体験したこと（綾小路宮にかかわる部分）には、助動詞「き」を用いている（⑶～⑸）。それに対し、非直接体験のこと（後徳大寺大臣と西行のこと）には、助動詞「けり」を用いて区別している（⑴・⑵）。後徳大寺大臣と西行の話は、『古今著聞集』にも採られている。そのようなことから、伝聞的過去とも称される「けり」を使用したと考えられる。

ただ、「き」が常に直接体験過去で、「けり」がいつも伝聞的過去というのではなく、あくまでも「き」と「けり」とを対比して用いられた場合としておくのがよい。

②の、**「き・けり」には、ある程度叙述をまとめる力がある**という点にもふれておこう。

「き」も「けり」も、その活用で、未然形と連用形を欠いている。ないものを気にするなと言ってしまえば、それまでの話であるけれど、何故存在しないのか考えてみよう。未然形・連用形のない助動詞は「む・けむ・らむ」などの推量系助動詞や、「き・けり」、「じ」などである。これらは、助動詞が重なり合う際には一番下に来るために、他の助動詞をつけるのに必要な未然形・連用形を持つ必要がないのである。ということは、「き・けり」などはある程度、叙述をまとめていく力があると見てよいことになる。つまり、「き・けり」が出たところで、内容的にまとまりが付くと考えてみる。「けりをつける・けりがつく」はそれを表している表現である。

そこで、一文が長い場合に、意味の切れ目を見つけるのに、「き・けり」を一つの目安にしていくとよい。前掲の『徒然草』を例にとってみる。

			（主体）
(1)	後徳大寺大臣の……縄を張られたりけるを、	→	後徳大寺大臣
(2)	西行が見て……参らざりける	→	西行
(3)	綾小路宮の……縄をひかれたりしかば、	→	綾小路宮
(4)	かの例思ひ出でられ侍りしに、	→	兼好
(5)	「……」と人の語りしこそ、	→	ある人
(6)	「さてはいみじくこそ」とおぼえしか。	→	兼好

以上のようにしてみると、理解しやすくなるのではないかと思う(2)と(3)の間に、「聞き侍るに」があり、これは兼好の動作であるが、今回は抜いてある。ただ、これによって「けり」が伝聞的な回想であることを確認できる）。

なり（断定）

助動詞「なり」というと、断定の意味を表す語と、伝聞や推定を表す語がある。ここでは断定の意味を表す「なり」について述べよう（伝聞や推定の意味の語は後に述べる）。断定「なり」は、格助詞「に」にラ変動詞「あり」が付き、「なり」となったのである。そこで、体言や準体言に付き、その活用は次のようである。

なり	なら	なり に	なり	なる	なれ	なれ

断定「なり」は特別難解な語ではないけれど、注意すべきは、連用形に「なり」と「に」とがあることである。一般に、連用形「なり」は「〜なりけり・〜なりき」のように、その下に他の助動詞を付ける時に用いられ、それ以外の連用形の用法には「に」が用いられる。特に、連用形「に」が問題になるのは、次のような場合が多い。

① に・助詞・あり　わが身一つの秋**に**はあらねど　（古今集）

② に・「あり」の敬語（おはす・侍り・…）
　村上の御をぢ**に**おはします。　（大鏡）

③ に・て、　父はなほ人**に**て、母なむ藤原なりける。　（伊勢物語）

④ 中止法　わざとならぬ庭の草も心あるさま**に**、簀子《すのこ》・透垣のたよりをかしく、　（徒然草）

断定「なり」で留意しておかなければならないのは、その上接語である。次にそれを『徒然草』から拾い、示す。

① 名詞（体言）　妻戸を今少しおしあけて、月見るけしきなり。（三二）
〔訳〕妻戸を今少し押し開けて、月を見ている様子である。

② 連体形（準体言）　鼻ひたる時、かくまじなはねば、死ぬるなり。（四七）
〔訳〕くしゃみをしている時、このようにおまじないをしないと、死ぬのである。

③　已然形＋ば　名利におぼれて、先途の近き事を顧みねばなり。（七四）

〔訳〕名誉利益に心をとられて、死期の近い事を顧みないからである。

（「已然形＋ば」は理由表現にもなり、理由表現は準体言の資格を持つ）

④　ばかり・のみ　にほひなどもうつるばかりなれば、（二三八）

〔訳〕女の香《こう》の香などもうつるほどであるから、

（副助詞を含む文節は、準体言の資格を持つことがある）

⑤　と　恋しく思ひ参らせ給ふとなり。（六二）

〔訳〕恋しくお慕い申しあげなさるということである。

（「となり」は「といふことなり」の意として用いられる。「といふなり」の「なり」は伝聞推定のことが多い）

⑥　文相当　かほどのことわり、誰かは思ひよらざらんなれども、（四一）

〔訳〕この程度の道理は、誰でも思いつくはずのことであるけれど、

（「誰かは」は「思ひよらざらん」に係り、係り結びで文は完結する。一文はまとまると、準体言の資格を持つ）

御相伝、浮けることには侍らじなれども、（八八）

〔訳〕代々お伝えになってきたことは、いい加減なことではありますまいということですけれど、

（「御相伝、浮けることには侍らじ」という文全体が準体言になっている）

これ以外にも、副詞「かく・さ」に断定「なり」が接続して「さならず」となったり、「〜によって」という原因や理由を表す語句（準体言）に断定「なり」が付いて、「〜によってなり」となったりすることもある。

3 助動詞詳説（その二）～推量系助動詞～

現代語で推量を表す助動詞というと「う・よう・まい・らしい」などがある。しかし、古語には「む・べし・……」など約十語が存在する。これらの差異を利用して、場面や状況、さらには動作主などまで考えてみたいと思う。

まずは「む」という助動詞を中核において、それとの差異をそれぞれあげてみたい。下図を参照されたい。

たとえば、「じ」なら、現代語で「ないだろう」と分けられる表現を一語でしていると考える。同様に「けむ」も「ただろう」を一語で表現しているのである。また、「なり」（伝聞・推定）は、その動作を直接見たのでなく、音声などで聞き知ったと理解するのである。

では、その中核においた「む」から詳説しよう。

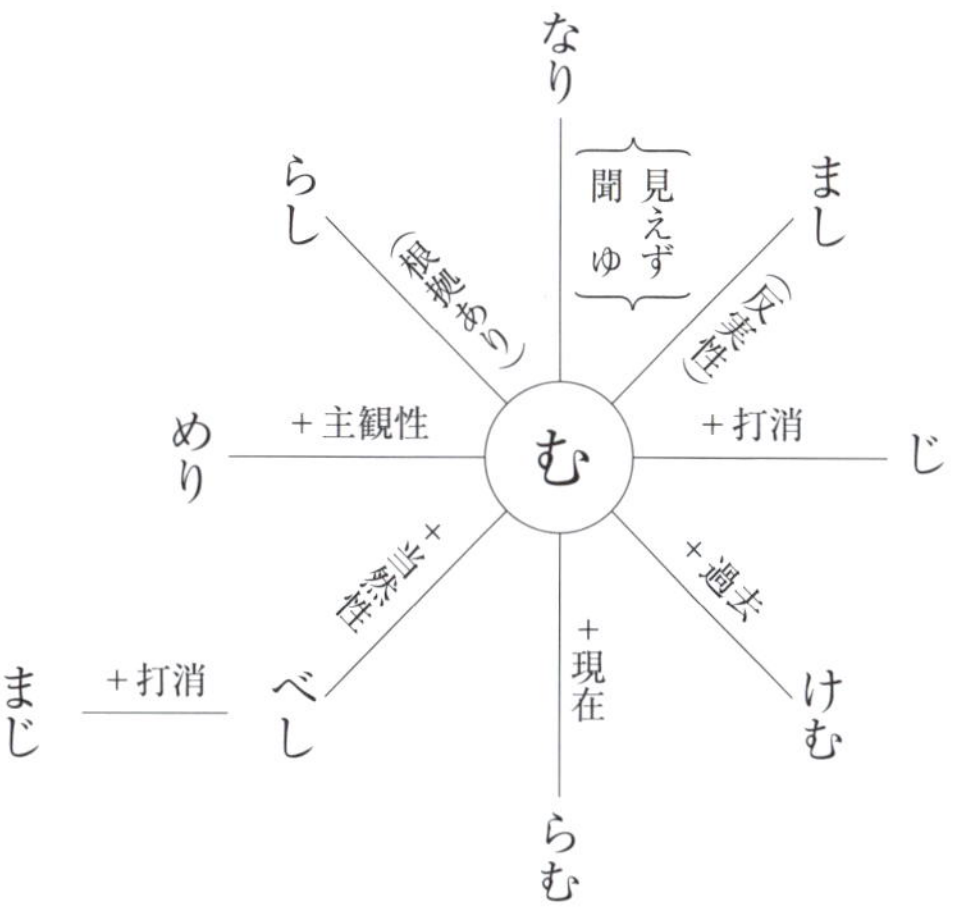

む

む	○	○	む	む	め	○

「む」（ん）は未然形に付き、それが未確定なことだと表現者が判断し表明する時に用いられる。未確定だと表明す

ることを、**推量**というのである。そして特に、一人称の動作にかかわる未確定表明を**意志**というのである。その訳語として「…ウ・…ヨウ・…ダロウ」を用いるが、そのうちの「…ダロウ」は、断定の助動詞「ダロ」に推量の助動詞「ウ」が付いたものであるから、「ダロウ」の中で推量に関係しているのは「ウ」である。

(1) この獅子の立ちやういとめづらし。深き故《ゆゑ》あらん。（徒然草　二三六）
(2) 香炉峰《かうろほう》の雪いかならむ。（枕草子）
(3) 駒並めていざ見に行かむ。（古今集　春下）
(4) 誰てふ（＝といふ）物狂ひか、我人にさ思はれむとは思はむ。（枕草子）

以上の四例のうち、(1)は「深き故」が主語で「あらん」が述語である。つまり三人称主語をうける述語中に「ん」があるので推量ということになる。(2)も、「香炉峰の雪」という三人称主語をうける述語中に「む」があるので推量。(3)は、「いざ」という副詞は下に意志をとるということから「む」を意志と見る。その結果、「見に行く」のは一人称、つまり私の動作ということになる。(4)は、「我」という一人称の動作をうける述語成分に「思はれむ」と出るから、意志と見る。(4)の最後の「思はむ」の「む」は、主語が「物狂ひ」であるから、推量となる。これらの「む（ん）」は、すべて未確定・未来にかかわる表現に付いていることを確認しておく。ということは、次の「む（ん）」も未確定・未来にかかわる表現と見る。

(5) 行かむ所（まだ行ってはいず、これから行く所）
(6) いかならん折（どんな時か、はっきりしていない時）

ところが、これを前と同じような調子で現代語に直すと、「行くだろう所・行こう所」とか、「どうであるだろう時」とかなる。しかし、このような現代語表現は普通ではない。これらは、「今後行くような所」とか「今後行くならば、その所」という意である。そこで解釈のために命名をしたのが、**婉曲・仮定**なのである。これは、未来を予想・仮想する「む」と本質的に異なることでない点は理解しておかねばならない。その婉曲・仮定は、連体形を用い、しかも、その用法が連体法か準体法の時に限られる。図示すると、次のようになる。

─┬─む。（文末用法）……推量・意志ナド
　└─む─（文中用法）……婉曲・仮定

(4)の「思はれむとは」の「む」は一見したところ、文中用法のように見えるが、「『…さ思はれむ。』とは思はむ」というものであり、文末用法となる。文末用法とは、その下に句点がある場合、句点を打てると考えられる場合、さらに「む」の下に接続助詞や終助詞が付いている場合である。

また、文脈上、相手に対し、**勧誘**や**適当**のニュアンスを含む場合も出る。「君、今夜、古文の勉強をするだろう」という表現で考えてみる。これは、目上の者が目下の者にむかって、強い語気で言っている場合、勧誘や適当のニュアンスを含んでいると考えられる。「勉強せよ」または「勉強した方がよい」などと相手に誘いかけることなのだ。

設問五

次の文を解釈せよ。

a 世の中に、なほいと心うきものは、人に憎まれむことこそあるべけれ。（枕草子）

b 銭あれども用ゐざらんは、全く貧者と同じ。（徒然草 二一七）

c 心づきなきことあらん折は、なかなかそのよしをも言ひてん。（徒然草 一七〇）

解説

a 「憎まれむ」は下に「こと」を付けている（文中用法）ので、「人に憎まれるようなこと」、または「人に憎まれるならば、そのようなこと」と解する。

b 「用ゐざらんは」の「ん」は文中用法であるから、連体形（準体法）である。「用いないような場合は」とか「用いないなら、その時には」の意。

c 「あらん折は」の「ん」は、aの「憎まれむこと」の「む」と同じ。「言ひてん」の「て」は助動詞「つ」の未然形で強意。「ん」は文末用法だから、「言ってしまおう」とか「言ってしまうだろう」となるが、一般論として「言ってしまうのがよい」と適当で解することもできる。適当・勧誘は強い語気で言う場合が多いので、「――てむ」「――なむ」「……こそ――め」の場合になることが多い。

通解

a 世の中において、やはりたいそうつらく悲しいものとしては、人に憎まれるようなことがあるにちがいない。

b 銭があっても用いないならば、それは完全に貧者と同じである。

c 気にいらないことがあるような時は、かえってそのわけを言ってしまうのがよい。

けむ・らむ

けむ	○	○	けむ	けむ	けめ	○
らむ	○	○	らむ	らむ	らめ	○

「**けむ**」（けん）は過去時制で用いられ、「**らむ**」（らん）は現在時制で用いられる。扱い方は「む」と同じである。ただ、「む」の文末用法には意志があったが、意志というのは、自分の未来を仮想するものである以上、「けむ」「らむ」には時制の制約上存在しない。同様に「仮定」もありえない。そこで用法を図示すると次のようになる。

けむ
- ――けむ。　**過去＋推量**
- ――けむ――　**過去＋**｛**婉曲**／**伝聞**｝

らむ
- ――らむ。　**現在＋推量**
- ――らむ――　**現在＋**｛**婉曲**／**伝聞**｝

「らむ」を例にとって詳しく述べよう。

現在推量ができるのはどんな場合があるだろうか。それは、次の二つである。

(イ) 現在の見えないことがら

(ロ) 現在、見えている（既知の）ことの原因・理由

そこで「らむ」を含む用言句が見えていないか、見えているかを判断して、現在の**ことがらを推量**するのか、現在見えていることの**原因理由を推量**するのか決める。

(1) （山上憶良が宴から退席する時に詠んだ歌）
憶良らは今はまからむ。子泣くらむ。それその母も吾を待つらむぞ。　（万葉集）

(2) 駒並めていざ見に行かむ。ふるさとは雪とのみこそ花は散るらめ。　（古今集　春下）

(3) 久方の月の桂も秋はなほもみぢすればや照りまさるらむ。　（古今集　秋上）

(4) 桜の花の散るを詠める
久方の光のどけき春の日に静心なく花の散るらむ。　（古今集　春下）

(1)の「泣くらむ」「待つらむ」は、宴席にいる憶良には見えない家庭でのことを推量しているのである。つまり、現在の見えないことがらの推量ということになる。「私憶良めはすぐにも退席いたそう。今ごろ家では子が泣いているだろう。また、その母親も私を待っているだろうよ。」という意である。「待つらむぞ」の「ぞ」は終助詞で、後世は「ぞ」となる。下に終助詞を付けた場合は、普通には文末用法に付いていると見る。なお、「今はまからむ」は、「まかる」に意志の意を表す助動詞「む」が付いたものである。「らむ」と誤らないことが大事である。

(2)の「らめ」は上に「こそ」があるために已然形となっている。「駒並めていざ見に行かむ」というのだから、出

かける先（「ふるさと」）のことは見えないということになる。すると、ここでの「らめ」も見えないことがらを推量していることになる。「雪と散る」とは、「あたかも雪が散るように散る」ということである。「ふるさとは、あたかも雪が散るように、今ごろ花が散っているだろう」の意である。

(3)は、秋の月が他の季節の月よりも見て「照りまさる」ことに対して、月に生えている桂の木も、地上の木と同じように、秋という季節にはやはり紅葉するので、照りまさっているのだろうかという意味である。照りまさっているという眼前の事実に対して、その原因を推量している。「もみぢすれ」という已然形に助詞「ば」が付いて原因・理由を表すが、それに疑問の「や」が付いている点にも注目しておきたい。

(4)には、「桜の花の散るを詠める」という詞書がある。ということは、「花の散る」は眼前の事実ということになる。すると「花の散るらむ」の「らむ」は、ことがら推量ではなく、原因理由推量となるのだが、歌中に、「已然形＋ば」などによる推量の根拠となる箇所がない。このような場合には、文脈上「ナゼ・ドウシテ」の類の疑問語を補って解する（「静心なくや花の散るらむ」のように解する説もある）。「光がのどかな春の日に、どうして落ちついた心もなく花が散っているのだろう」の意となる。このような表現は歌に多く見られる。

一方、文中用法の「らむ」の例も出しておこう。

(5)　生きてあらむ限りは、かくありて、蓬莱《ほうらい》といふらむ山に逢ふや。（竹取物語）

「蓬莱といふらむ山」は、現在人々が蓬莱といっているような山の意である。これを婉曲というが、その事実は現在の眼前のものではなく、伝聞に属する一般のことであることが多いので、伝聞とも称する。また逆に、伝聞表現は判断をやわらげることにもなるので伝聞表現が婉曲になると説くこともある。

設問六

次の文を解釈せよ。

a まだ世にあらば、はかなき世にぞさすらふらむ。 （源氏物語 帚木）

b これ（＝ことなることなき子）をかなしと思ふらむは親なればぞかし。 （枕草子）

c 増賀聖《ぞうがひじり》の言ひけんやうに、（時メイテイル僧ハ）名聞《みやうもん》ぐるしく、仏の御教へにたがふらんとぞおぼゆる。 （徒然草 一）

d 心にも悲しと思ひけむ。 （伊勢物語 七六）

解説

a 「らむ」は文末用法である（現在推量）。「らむ」が付く以上、「さすらふ」の主体は一人称ではありえない。「ある人が、まだ生きているならば、はかないこの世に今ごろさすらっているだろう」と、現在のことがらを推量している。ここでの「らむ」は、「ぞ」の結びで連体形である。

b 「らむ」は文中用法である。つまり、連体形で準体法である。「思っているようなことは」の意。

c 「けん」も文中用法。「けむ」も「らむ」と同じように見る。ただし、時制が過去であることだけが異なる。「増賀の聖が、昔言ったとかいうように」の意。「たがふらん」の「らん」は文末用法。「仏の御教へにたがふらん」は、「仏の御教えに違っているだろう」の意。

d 「けむ」は文末用法。過去推量である。「心にも悲しいと思っただろう」の意。

通解

a まだ世に生きているならば、あてにもならないこの世に、今ごろ流浪しているだろう。
b 特にこれといったところのない子をいとおしいと思っているようなのは、親であるからだよ。
c 昔、増賀上人が言ったとかいうように、それは世間の評判に囚われ執着して仏教の教義に反しているだろうと私にも思える。
d 心の中でも、悲しいと思ったのだろう。

べし

べし	○ べから	べく べかり	べし ○	べき べかる	べけれ ○	○ ○

「べし」という助動詞は、当然だという意味を持つ「うべ」を形容詞化した「うべし」を母胎として出来たのだろうという説が、意味的にも、上代の特殊仮名づかいからも認められている。そこで、活用も形容詞型である。その中心的な意味は、「む」に比べて当然性の強い、論理性に基づく肯定的推量で、「当然…ダロウ」「…ニチガイナイ」「…ノハズダ」である。これを**当然**という。それにある種の価値判断や、ニュアンスを加えて、「(…ノハズダカラ)…スルノガヨイ」となる。これを**適当**と呼ぶ。この適当は、文脈上「…シタ方ガヨイ」という**勧誘**や「…シナサイ」という**命令**の意を生む。また、一人称の動作に「べし」が付いた場合は「私ハ当然…スルハズダ」となるが、一人称動作の未確定表明であるから、これを**意志**と称する。また、可能性を添えて、「当然…デキルハズダ」となるものを**可能**といっている。

「べし」という助動詞にはたくさんの意味があっていやだという人も多いが、当然が中核にあって、文脈上いくつかの意を派生したと考えるのがよい。その中核の部分は、話し手や相手の気持ちによらず、それを超越した道理により、当然・必然と判断されるということである。図示すると、下図のようになる。そこで、ある場合には、いくつかにまたがっている意もありうるわけである。ただ、**「む」に比べれば、当然性・必然性の強い推量**ということになるのである。

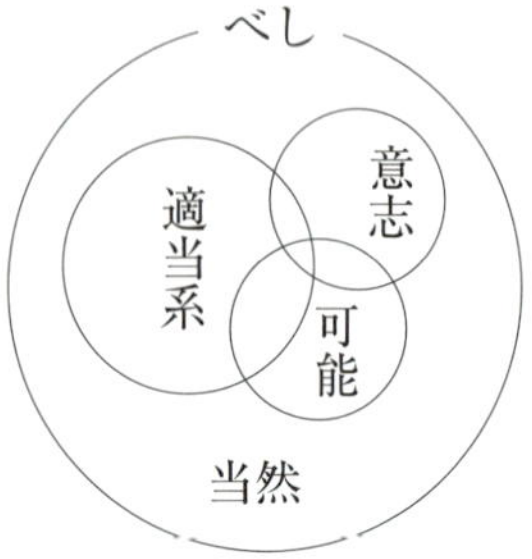

設問七

次の傍線部を解釈せよ。

a 唐土とこの国とは、言《こと》異なるものなれど、月のかげは同じことなるべければ、人の心も同じことにやあらむ。（土佐日記）

b 「末《すゑ》はいかに、末はいかに」とあるを、いかがはすべからむ。（枕草子）

（注）末――歌の下の句。

c 病重くなるままに、生くべくもおぼえ給はざりければ、……（大鏡）

d 毎度、ただ得失なく、この一矢に定むべしと思へ。（徒然草　九二）

（注）得失――成功と失敗。

e みづから戒めて、恐るべく、つつしむべきは、この（愛欲ノ）まどひなり。（徒然草　九）

解説

a 「同じことなるべければ」の「べけれ」は「べし」の已然形である。「べし」はまず当然を考えてみる。「べし」の上の「なる」は断定の助動詞であるから、「同じことであるにちがいないので」と訳してみると、これで意味が十分通じるので、ここでとめておく。

b 「いかが」は「いかにか」の音約である。「すべからむ」の「べから」は「べし」の未然形である（ただし、下に助動詞「む」を付けるための補助活用となっている。形容詞の活用を参照すること）。その「べし」であるが、下に推量の「む」をとる以上、「む」と同じような推量ではないと考え、価値判断の入った適当をあててみる。すると、「どのようにするのがよいだろうか」となり、意味が通ることになる。

c 「生くべくも」の「べく」は「べし」の連用形である。この「べし」もまず当然と考える。「生きるはずだとも思えなさらなかったので」でも十分意味は通る。しかし、上に「病気が重くなるにつれて」と出て、そのつづきで考えると、この「べし」を可能でとることもできると順に考え、「生きていられそうにも思えなさらなかったので」と解していく。この「べし」は可能の方がよいが、当然でもかまわないのである。「べし」に可能の意が存するのは、自然の摂理によって当然そうあるはずだといったものをさらにつきつめていくと、滞在している大自然の能力、すなわち可能性といったものを考えの基盤におけるからである。

d 「定むべし」の「べし」は終止形である。次に「思へ」という命令形の出ることも考慮に入れなければならない。命令表現は、その主体は二人称で、会話文中に出るものである。「おまえは……のように思いなさい」の「……」の部分が「毎度……定むべし」と見て、その中で「べし」の意味も考える。当然の意として考えると、「誰だって当然定めるはずだ」となるし、適当の意なら「定めるがよい」となる。また、「私は定めよう」といって、一人称の決意（意志）とも考えられる。命令文の中で考えるというと、人が限定されるから、ここは意志が最適となるところである。

e 「恐るべく」の「べく」は連用形で中止法、「つつしむべき」と対の関係になっている。「恐るべきは、つつしむべきは」と同じ意であるのはいうまでもない。この二つの「べし」もまずは当然で考えてみる。「恐れるはずであったり、つつしむはずであったりするのは」の意だが、上の「みづから戒めて」からつなげると、「恐れなければならず、つつしまなければならないのは」としたり、「恐れた方がよかったり、つつしんだ方がよかったりするのは」としたりする方がよい解釈となる。「…ネバナラナイ」と解するのを**義務**ということもある。

通解

a 中国とこの国とは言葉の異なるものであるけれど、月の光は同じことであるにちがいないので、（それをめでる）人の心も同じことであるのだろうか。

b 「下の句はどう、下の句は何なの」とおっしゃるけれど、私たちはどのようにするのがよいだろうか。

c 病気が重くなるにつれて、生きていられそうにも思えなさらなかったので、……

d 毎回、ただ成功も失敗もなく、この一矢に定めようと思いなさい。

e 自分自身で戒めて、恐れなければならず、つつしまなければならないのは、この（愛欲の）まどいである。

「べし」という助動詞の意味は、その意味範疇に含まれるものであるなら、文脈から考えて何でもよいというのが原則である。そこで「…ベキダ」もある場合に限ってはよいのだが、現代語の「べき」は古典語の「べし」に比べると、意味領域が狭いのでどんな場合でも「…ベキダ」とはならないので注意する必要がある。

〔「さるべき」という表現〕

「さるべき」という表現にも注意をしておきたい。次は、帝の娘が衛士《ゑじ》の歌う歌謡を聞いているうちに、東国へ行きたくなって、帝の諒解も得ず衛士に連れ出してもらった後に、探しに来た使いに対して言っていることばである。

我、さるべきにやありけむ、この男の家ゆかしくて、率て行けと言ひしかば、率て来たり。　（更級日記）

「さるべき」は「さあるべき」の音約である。「さ」は指示語で、「そう」の意だが、何を指すのかが大切である。

この「さるべき」は次のように考えていく。

① さるべき——n——V　（Vは本動詞）

例　さるべき人々参る。

この時、「さる」は下の動詞の内容を指すと見、「参るべき人々参る」と考える。その結果、「参上するはずの人々が参上する」とか「参上するにふさわしい人々が参上する」とかの意となり、意訳して、「それ相当の身分の人が参上する」のようになるのである。現代語の「しかるべき」にあたるのである。ところが、「さるべき」の下に、実質的な意味をもたない動詞（補助動詞）が来たり、まったく動詞が来ない場合がある。

② さるべき（——n）なり　（「なり」は断定の助動詞）

例　さるべきにやあらむ。　（「あり」は補助動詞）

この時、「さる」は下の動詞の内容を指すとは考えられない（動詞には何らの意味もないからである）。このような場合、「さるべき」は、「そうであるはず」の意味だが、それは「そうなるはずの前世の因縁・そうなるはずのめぐりあわせ」などの超自然的な意味と考えるのが普通である。「さるべきにやあらむ」も、「そうなるはずの前世の因縁であるのだろうか」の意で、「そう」は、その時の状況などをいうのである。

『更級日記』の例も②である。男の家が見たくなって「連れて行け」と言って、男が連れて来たという状況に対して、「こうなるめぐりあわせであったのだろうか」と言っているのである。

「さるべくて」も同様に考えていってよいものである。

めり

めり	○	（めり）	めり	める	めれ	○

「**めり**」という助動詞の母体も種々の説があるけれど、現在は「見あり」が広く認められている。ところが、この「めり」は平安時代になって一般化した語であり、奈良時代の「見ゆ」のかわりに用いられることもあるので、「見えあり」から生じたということもあった。

(1) 春日野に煙立つ見ゆ　（万葉集）

(2) 白雲は行きはばかりてたなびけり見ゆ　（万葉集）

これが『古今集』になると、古歌と思われる「よみ人知らず」の歌に一首だけあらわれ（「かりがねの聞ゆる空に

月わたる見ゆ」一九二)、他は

(3) 浪の花沖から咲きて散り来めり　(古今集　物名)

(4) 龍田川紅葉乱れて流るめり　(古今集　秋下)

などと、「見ゆ」のかわりとなるように「めり」を用いている。しかし、古く「あり」は下二段動詞には付かなかったということで「見えあり」から「めり」が出たとは考えない。

ここまで「めり」の語源について述べたが、語源を「見る」と考えるにしても、「見ゆ」と考えるにしても、視覚的な面では共通している。つまり「私には……のように見えている」の意味であり、さらに「私には……のように思える」の意にもなっていく。そこで、**主観的側面からの推量・主観的判断**というのである。また、いずれにしても、「あり」を内在しているから、その活用はラ変型となる。

「めり」は「べし」・「なり」(伝聞・推定)などとともに終止形に付く助動詞である。終止形接続の助動詞はラ変型活用語に付く場合は連体形に付くことになっている。そこで、その理由を考えてみる。終止形とラ変の連体形はともにu段音で終わるという共通性質があるから、「めり・べし・なり」は必ず**u段音に付く**と考えてよいことになるところが次のような例が出る。

(5) 子になり給ふべき人なめり。　(竹取物語)

一見したところ、「めり」はu段音に付いてはいないのである。このような例を集めてみると、次のような場合にのみ現れることがわかった。

（ラ変）連体形	―る＋めり・べし・なり	→ ―ん←る＋めり・べし・なり（撥音便化）	→ （ん←る）＋めり・べし・なり（撥音の無表記）
例	人なるめり	→ 人なんめり	→ 人なめり
	あるべし	→ あんべし	→ あべし

そこで、「めり・べし・なり」の直上がu段音になっていない時には、その「めり・べし・なり」の直上に「る」を置いて考えてみるとよいのである。前の『竹取物語』の例文も「子になり給ふべき人なるめり」とし、断定「なり」の下に「めり」を付けたと見、「子におなりになるはずの人であるように思える」と解する。

設問八

次の傍線部を解釈せよ。

a この朝臣、いと苦しと思ひためり。（宇津保物語）

b 少し心あらむ人はわがあたりをさへうとみぬべかめり。（源氏物語　東屋）

c もののあはれは秋こそまされと人ごとに言ふめれど、（徒然草　一九）

解説

a 「思ひためり」は「思ひたるめり」として考える。そうすれば、「思っているようだ」という解はすぐ出てこよう。

b　「うとみぬべかるめり」として考える。「ぬ」は強意、「べし」を当然として、「嫌ってしまうはずのようだ」と訳せる。「わがあたりをさへ」の「さへ」は、添加の意で、「――ばかりでなく、その上……までも」の意を表す。「自分のことまでをも」ということである。

c　「しみじみとした情趣は秋が勝っている」と人は誰もが「言ふめれど」とし、次に「言ふめれど」を解していく。「言うように私には思えるが」と解するのはむずかしくはなかろう。

「めり」にはちょっとした特色がある。いつも、「めり」を用いると、話し手（書き手）の意見として主観的な側面から述べていくのである。aなら「『朝臣……思ひたる』と（私には）見える」であるし、bは「『少し心あらむ人……うとみぬべかる』と（私には）思える」である。cも「『人ごとに言ふ』と（私には）思える」である。

「めり」は、誰でも同じように思っている客観的なことを主観的な立場から述べていくこともできるので、断定すべきことをやわらげる言い方（婉曲）も生まれるのである。cの文の「めり」や、「龍田川紅葉乱れて流るめり」の「めり」はそのような用法と見てよかろう。

また、「めり」はbの文にも出たように、散文では「べし」と重ねて使うこともある。これは「めり」と「べし」とは異なった推量をしていたからである。

通解

a　この朝臣は、たいそう苦しいと思っているように私には見える。

b　多少もののわかっているような人は、自分のことをまで嫌ってしまうはずのようだ。

c　物の情趣は秋がまさると、人は誰もが言うようであるけれど、

なり（伝聞・推定）

伝聞・推定の助動詞「**なり**」も語源については諸説あるが、「音あり」から生じた語という考え方が一般的である。「音あり」の「音」を「ね」というのか、「な」というのかはしばらくおくことにしておくが、**音が聞こえてくることや、音響に基づく推定**であることはまちがいない。それを図示すると次のようになる。

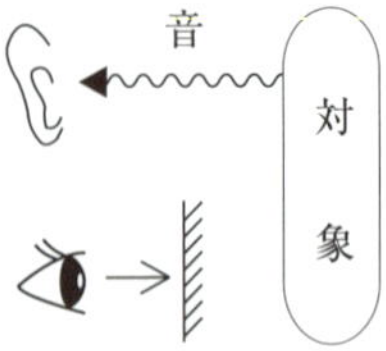

対象を見ることはないが（見えず）、対象そのものからでもよいし、その対象にかかわることについてでもよいが、音・声によって知り（聞こゆ）、判断したという意。

そこで「音（声）が聞こえる」「…という話し声（噂）が聞こえる」「…とかいう（とか聞いている）」「…そうだ」「…らしい」などの訳語を用いる。

伝聞・推定「なり」は断定「なり」と誤りやすい。活用表をあげてみる。

伝聞・推定	○	（なり）	なり	なる	なれ	○
断定	なら	なり・に	なり	なる	なれ	なれ

それぞれ判断する場合には接続に注意する。

伝聞・推定「なり」――終止形に付く（ラ変型活用語には連体形に付く）
断定「なり」――体言・準体言（連体形など）に付く

これを理解するには『土佐日記』の冒頭の文をおぼえておくとよい。

男もすなる日記といふものを女もしてみむとてするなり。（土佐日記）

「すなる」の「す」はサ変の終止形であるから、「なる」は伝聞の意となる。すると、男の人が日記を書いているのを見たことはないが、人から伝え聞いて知っているということがわかる。訳の上では「男が書くとかいう日記」である。
一方、文末の「するなり」の「する」はサ変の連体形であるから、「なり」は断定ということになるわけである。

設問九

次の傍線部中の「なり」を断定か伝聞・推定かを判断した上で解釈せよ。

a ほのかに人の言ふを聞けば、男といふものは虚言をこそいとよくすなれ。（源氏物語　総角）

b 傍なる所に先追ふ車とまりて「荻の葉、荻の葉」と呼ばすれど、答へざなり。呼びわづらひて笛をいとをかしう吹きすまして、過ぎぬなり。（更級日記）

（注）傍なる所――隣家。　荻の葉――隣家の女性の名。

c 音羽山今朝越え来れば時鳥《ほととぎす》梢遥かに今ぞ鳴くなる（古今集　夏）

解説

a 「すなれ」の「なれ」は、サ変の終止形に付いているから、伝聞と考える（なお、「なれ」という已然形になっているのは「こそ」の結びだからである）。「虚言《そらごと》をす」とは「嘘をつく」の意。傍線部の意味は「上手に嘘をつくとかいう」となる。上に「人の言ふを聞けば」とあることも、伝聞の意であることを考えるには参考になる。

b 「答へざなり」は、「答へざるなり」が撥音化して「答へざんなり」となり、その撥音が表記されなかったものである（「めり」の項を参照のこと）。「ざる」は打消助動詞「ず」の補助活用の連体形である。連体形に付く「なり」だからといって、断定と速断してはいけない。「ざり」は「ずあり」が約されて出来たものであり、ラ変型活用語である。ラ変型の連体形に「なり」が付いた場合、その「なり」は断定にも伝聞・推定にもなりうるのである。次にここでのように、ラ変型活用語の連体形が撥音便になるのはどんな時であったかを考えてみる。下に「めり・べし」といった終止形接続の助動詞（ラ変に付く時だけは連体形に付く）を付ける時だけ、ラ変は撥音便になるのである。すると、ラ変の撥音便の下の「なり」も終止形接続の助動詞と考えてよいことになる。そうすると、「答へざなり」の「なり」は推定と考えるのがよいことになる。解釈上は「答えないらしい」とか「答えないようだ」となる。

次に「過ぎぬなり」の「なり」はどうであろう。「なり」の上には「ぬ」がある。「ぬ」には、打消「ず」の連体形（未然形に付く）と、完了「ぬ」の終止形（連用形に付く）がある。そこで「過ぎ」を見るわけだが、この動詞は「過ぎズ・過ぎテ・……」と活用する（上二段活用）から、「過ぎ」は未然形とも連用形とも考えられるのである。

すなわち、次の二通りの可能性があることになる。

① 未然形「過ぎ」＋打消「ず」の**連体形「ぬ」**＋断定「なり」

② 連用形「過ぎ」＋完了「ぬ」の**終止形「ぬ」**＋推定「なり」

その意味は、①なら「過ぎないのである」だし、②なら「過ぎてしまったらしい」である。この時、「答へざなり」で、隣家の様子が見えていないで、音響による推定をしていたことを下敷きにし、さらに、「呼びわづらひて、笛をいとをかしう吹きすまして」からの続きで考えると、②の意味がよいとわかる。ここでも作者は男が通り過ぎた様子は直接目にしていず、笛の音が遠ざかっているところから推測したという状況をつかめる。

同じ「――ぬなり」でも「しづまりぬなり」「なくなり給ひぬなり」などは、「しづまり」や「給ひ」が連用形しかありえないから、「ぬ」は終止形とわかり、「なり」は伝聞・推定と順に決めることができる。原則的には上接語の活用形から見てくるが、いくつかの可能性のある場合は、最終的には意味から定めていくこともあるのである。

c 「鳴くなる」の「なる」も二通りの可能性がある。「鳴く」が四段活用の動詞であるため、その活用形を終止形とも連体形とも決めかねるからである。さて、そんな時、次のことを知っておくと便利である。

(イ) 「なり」の未然形と命令形は断定にのみ存在する。

(ロ) 一人称主語を受ける「なり」は断定である。

(ハ) 「なり」の下に助動詞を付けた場合、その「なり」は原則として断定である。

(ニ) (イ)〜(ハ)以外の「なり」は、とりあえず伝聞・推定と考え、内容を吟味する(「見えず、聞ゆ」の状況を考え得るか)。

「鳴くなる」において、「なる」は未然形でも命令形でもないし(「ぞ」の結びで連体形)、主語は「時鳥」であり、一人称ではない。また「なり」の下に他の助動詞は来ていない。さらに「鳴く」という声音にかかわる動詞に付いているなどから、「なる」を終止形に付く助動詞「なり」と見る。換言すれば「鳴く」を終止形と考えていく。すると、時鳥の姿は見えず、その声が聞えてきた状況ということもわかる。なお、この歌には「音羽山を越えける時に時鳥の鳴くを聞きてよめる」という詞書が付いている。しかし、その詞書がなくとも、よくわかるはずである。

通解

a かすかに人が言うのを聞いたところ、男というものは上手に嘘をつくとかいうことだ。

b　隣家の前に、先払いをする車がとまって「荻の葉、荻の葉」と呼ばせているが、（邸内からは）答えないようだ。呼びあぐねて、笛をたいそうおもしろく吹きおおせて、（男は）通り過ぎてしまったらしい。

c　音羽山を今朝越えて来たところ、そこではちょうど、時鳥が梢の方はるかに鳴いている声が聞こえてきた。

まし

「まし」という助動詞の活用は特殊である。次にはっきりわかっている活用形をあげる。

(1) 龍を捕へたらましかば、またこともなく我は害せられなまし。　→終止形　（竹取物語）

(2) 見し人の松の千歳に見ましかば遠く悲しき別れせましや　→終止形　（土佐日記）

(3) もみぢ葉の流れざりせば龍田川水の秋をば誰か知らまし　→連体形　（古今集　秋下）

(4) 蛙鳴く井手の山吹散りにけり花の盛りに逢はましものを　→連体形　（古今集　春下）

(5) やがて失せぬる人にてこそあらましか。　→已然形　（宇津保物語）

(6) 月日の光をならべたるやうにこそあらましかど、　→已然形　（夜の寝覚）

ところが、(1)・(2)の「ましかば」の「ましか」を何形と考えたらよいかということになる。「ましかば」は「もし…であったなら」という仮定を表す表現である。普通、仮定を表す時には「未然形＋ば」を用いるから、「ましかば」の「ましか」を未然形と考える立場もあるが、「まし」は事実に反する推量（反実の推量）であるから、「ましかば」の「ましか」を已然形と考えてもよい。それは、「已然形＋ば」は本来なら確定のはずだが、反実を表すものである以上、確定ということはあり得ず、必然的に仮定を表すことになったと考えられるからである。そうすれば、その「ましか」を「こそ」の結びなどで、存在することがわかっている已然形と見ていける。また、古くは、「ませ」を、「ましか」と同じに用いていた。

(7) わが背子と二人見ませばいくばくかこの降る雪のうれしからまし　（万葉集）

以上をまとめて活用表にすると次のようになる。

まし	○	○	まし	まし	ましか（ませ）	○

注　未然形に「ましか」「ませ」をおくこともできる。

「まし」の意味を考えてみる。その際、次のように分けて見るとわかりやすい。

① ――仮定――まし
② 疑問語――まし
③ ①・②以外の「まし」

① ――仮定――まし

――A　ましかば／せ　ば（仮定条件）　――B　まし

「もしAであるなら、Bであろうのに」の意。その時、Aには事実でないことを書く。事実は非Aであるということがわかる。(1)の「龍を捕へたらましかば、……我は害せられなまし」の例でいうと、その訳は「龍を捕えていたならば、……私は殺されてしまっていただろうに」となるが、事実は、龍を捕えていなかったということで、その結果、殺されもしなかったということになる。

② **疑問語——まし**

この時の「まし」は「ためらい＋意志」を表す。「…ウカシラ」などの訳語をあてる。ただ注意すべきは、意志を表す以上、「まし」の上接語は一人称の動作であると考えることである（意志とは、未確定表明の中で、特に一人称主体の表現である。p.84）。たとえば、「これに何を書かまし」（枕草子）の例では、「何」が疑問語になるが、「何を書かまし」は「私は何を書こうかしら」と解する。

③ ①・②以外の「まし」

上に、仮定も疑問語もない場合、「まし」は「む」に近い意味と考える。

設問十

aは歌をすべて、**b**～**d**は傍線部を解釈せよ。

a いつはりのなき世なりせばいかばかり人の言の葉うれしからまし　（古今集　恋四）

（注）世——「二人の間」の意。

b 白玉か何ぞと人の問ひし時つゆと答へて消えなましものを　（伊勢物語　六）

c 今は我いづち行かまし山にても世の憂きことはなほも絶えぬか　（大和物語　二七）

d しやせまし、せずやあらましと思ふことは、おほやうはせぬはよきなり。　（徒然草　九八）

解説

a 「……世なりせば……うれしからまし」の形と見破れば、あとは容易である。「偽りのないあの人との間であったなら」ということは、あの人と私との間には嘘がよくあるという現実がある。

b 歌で「―― なましものを」は「―― なましかば、よからましものを」の意で用いることが多い。ここも「消えなましかば、よからましものを」として考える。そうすれば、「消えてしまったならば、よかったのになあ」として解するのはむずかしくない。「なまし」の「な」は完了助動詞「ぬ」の未然形である。類例として次をあげる。

やすらはで寝なましものをさ夜ふけて傾くまでの月を見しかな

（後拾遺集　恋二）

この歌の「やすらはで寝なましものを」も、「やすらはで寝なましかば、よからましものを」として解する。「ためらわないで寝てしまったなら、よかったのになあ」の意である。

c 「いづち」が疑問語。そこで、「行かまし」の「まし」は「ためらい＋意志」の意となる。「いづち行かまし」は「どこへ行こうかしら」の意。

d 「しやせまし」の「や」は疑問の係助詞。従って「まし」は連体形である。「し」はサ変動詞「す」の連用形である（それが名詞に転成したと見る考えもある）。「せまし」の「せ」はサ変の未然形である。そこで、「することはしようかしら」とか「しようかしら」の意となる。「せずやあらまし」の「や」も疑問の係助詞で、「しないでいようかしら」の意。

通解

a 嘘のないあの人と私との間であったなら、どんなにかあの人の愛のことばはうれしく思われるであろうのに。

b 「あれは白玉か、何なの」とあの人が問うた時に、「あれは露だよ」と答えて、露のようにはかなく私も消えてしまったらよかったのになあ。

c 今後は、私はどこへ行こうかしら。出家して山にいても、世のつらく悲しいことはなおも絶えないことであるよなあ。

d 「しようかしら、しないでいようかしら」と思うことは、大方はしないのはよいことである。

その他の推量系助動詞

じ 打消と「む」とが混じった意と見る。ただ、文末用法しかない。

(1) 宿近く梅の花植ゑじ。〈植えまい・植えないつもりだ〉（古今集 春上）

(2) 一生の恥、これに過ぐるはあらじ。〈あるまい・ないだろう〉（竹取物語）

まじ 打消と「べし」とが混じった意と見る。そこで、「べし」と照応して考えていく。

(1) さる人あるまじければ、〈いるはずがないので〉（徒然草 一二）

(2) 返り言はすまじと思ふも〈しないつもりだ〉（蜻蛉日記）

(3) 言ふまじきことを口とく言ひ出だし、〈言ってはならないこと〉（十訓抄）

(4) いくばくもあるまじき世〈生きていられそうもないこの世〉（栄華物語）

らし この助動詞は、奈良時代には少なからず用いられたが、平安時代になると衰退していく。ある根拠を示し、それによって推定する。

立田川もみぢ葉流る神なびの三室の山に時雨《しぐれ》降るらし　〈古今集　秋下〉

この例では、立田川にもみぢ葉が流れているといった確かなことを根拠として、三室の山に時雨が降っているらしいと推定したのである。このように根拠を示している用例が多いが、はっきりと書かないものも多少はある。それは具体的には出してはなくても、心中にはっきりした自信があって言っているのである。

べらなり　「さかし」に「ら」を付けて「さかしら」や「きよし」の語幹「きよ」に「ら」を付けて「きよら」が出たのと同じように、「べし」の語幹相当「べ」に「ら」が付いて「べら」が出来た。これらは、形容動詞型に活用するので、「べらなり」という。意味は「…ヨウダ・…ソウダ」など、推量である。用例は少ない。

音羽山木高く鳴きて時鳥君が別れを惜しむべらなり　〈惜しんでいるようだ〉　〈古今集　離別〉

4 助動詞詳説（その三）

ここでは今までとりあげて来なかった助動詞などを見てみよう。

す・さす・しむ

す	せ	せ	す	する	すれ	せよ	四段・ナ変・ラ変動詞の未然形に付く
さす	させ	させ	さす	さする	さすれ	させよ	「す」が付く以外の動詞の未然形に付く
しむ	しめ	しめ	しむ	しむる	しむれ	しめよ	活用語の未然形に付く

三語とも職能は同じで、使役と尊敬を表すが、「**す**」は動詞未然形の活用語尾がa段音であるものに限って付くのに対して、「**さす**」は未然形活用語尾がa段音にならない動詞に付き、「**しむ**」は動詞に限らず用言の未然形に付くということで三語存在している。また、「しむ」は平安時代では主として漢文訓読文に用いられた。

「す・さす」は単独で用いられる時はもっぱら使役と見、他の尊敬語と併用されると尊敬にもなると見ておくとよい。

設問十一

次の「せ」の職能を考えよ。

a あるじ聞きつけて、その通ひ路に夜ごとに人を据ゑてまもらせければ、行けどもえ逢はで帰りけり。

（伊勢物語　五）

b 夜べより悩ませ給ひて、うちやすませ給へり。（竹取物語）

c 例の、声いださせて、随身《ずいじん》に歌はせ給ふ。（堤中納言物語　貝合せ）

d （師輔《もろすけ》ガ）正月一日つけさせ給ふべき魚袋のそこなはれたりければ、つくろはせ給ふ程、まづ貞信公（＝師輔ノ父、忠平）の御もとに参らせ給ひて、かうかうの事の侍れば、内裏に遅く参るよしを申させ給ひければ、（大鏡　師輔）

（注）魚袋《ぎょたい》――束帯の時に腰につける装身具。

解説

a 「まもる」（＝見張ル）に「す」の連用形「せ」が付いているだけで他の尊敬語が存在しない以上、使役と見る。

b 「悩む」は「病む・病気になる」の意であり、「悩ませ給ひて」が「うちやすませ給へり」に係り、さらに文意から、傍線部の「せ」を使役とは見なせない以上、この「せ」を尊敬と見る。

c 「歌はせ給ふ」とあり、ここだけ見ると「せ」を尊敬と見誤るところだが、その上に「随身に」と、使役の対象が出ている以上、「せ」を使役と見なければならない。なお「いださせて」に含まれる助動詞は「させ」ではなく、「せ」である。「いださ」が動詞である。それは、「す」「さす」の接続を音の上から考えれば、一目瞭然であろう。

d 「つくろはせ給ふ」の「せ」は使役とも尊敬ともとれる。使役で読めば「修理をおさせになる」であり、尊敬ならば、「修理をなさる」となる。この文で師輔には他の箇所で「せ給ふ・させ給ふ」という二重尊敬語を用いている（p.192）し、それほどの人の場合、必ず誰かにさせる動作には一々使役を言わなくてもよい（現代語でも新築の家に移った人に対して「立派な家をお建てになりましたね」と言い、「建てさせなさった」とは言わない）からである。他に「つけさせ給ふ・参らせ給ひて・申させ給ひければ」は、すべて尊敬である。他の所が二重尊敬語となっている人の動作でも、使役の助動詞と尊敬語を重ねる際には、尊敬語は通常の敬語だけである。「つくろはせさせ給ふ」とは言わない。それは「さす」は動詞にしか付かないということでもあるし、誰かにさせるほど、身分が高いというところから生じたのが尊敬であるからでもある。

また、直接ここでは問題にしなくともよいことであるが、「そこなはれたりければ」に含まれる動詞は「そこなはる」という自動詞の連用形「そこなはれ」である。「そこなふ」に受身の助動詞が付いたとは見ない。

通解

a 主が（男の通うことを）聞きつけて、その通い路に毎夜人をおいて見張らせたので、（男は）出かけていくけれども、（女に）逢うことができず、帰った。

b 昨夜から病気におなりになって、横になっていらっしゃる。

c いつものように、声を出させて、随身に歌わせなさる。

d 元旦に身におつけになるにきまっている魚袋がこわれていたので、修理をなさる（おさせになる）間、まず父の貞信公の御もとに参上なさって、かくかくしかじかの事がありますので、内裏に遅れて参上するということを申しあげなさったところ、

る・らる

る	れ	れ	る	るる	るれ	れよ	接続は「す」に同じ
らる	られ	られ	らる	らるる	らるれ	られよ	接続は「さす」に同じ

「る・らる」は、自発・可能・受身・尊敬という四つの職能を持つ語であるが、本来はそれらが未分化で渾沌としていたものであったろう。しかし、現在は四つに分類せざるを得ない。まずは設問で考えてみよう。

設問十二

次の傍線部の語の職能を考えよ。

a 恋しからむことの堪へがたく、湯水飲まれず、同じ心になげかしがりけり。（竹取物語）

b 梅・紅梅など咲き乱れて風につけてかかへ来るにつけても、住みなれしふるさと限りなく思ひ出でらる。（更級日記）

c 世の中はいかに苦しと思ふらむここらの人に恨みらるれば（古今集　雑体）

d 今にても中文をとりつづりて美々《びび》しう書き出だされよ。（源氏物語　行幸）

e なぞ、かう暑きに、この格子はおろされたる。（源氏物語　空蟬）

f （源氏の君ハ）かかるありきもならひ給はず、所狭き御身にて、めづらしう思されけり。（源氏物語　若紫）

解説

a 「れ」の下に打消「ず」が付いている。「る・らる」が可能の意となるのは否定表現と併用される時（反語を含む）が原則であるから、これも可能の意と見られるかどうかを確かめていく。受身・自発では文意が定まらず、尊敬では「なげかしがりけり」と矛盾するから、可能と決定する。

(1) （鼎《かなへ》ヲカブッタ仁和寺ノ法師ハ）抜かんとするに、大方抜かれず。（徒然草　五三）

(2)　男はた寝られざりければ、外の方を見出だして臥せるに、（伊勢物語　六九）

などの例も可能である。次は下に否定表現の来ない可能のまれな例である。

(3)　家の作りやうは夏を旨とすべし。冬はいかなる所にも住まる。（徒然草　五五）

b　「思ひ出づ」という心の内を表していること、他に尊敬語のないこと、下に否定表現がないことなどから、自発と見るのがよい。ここは直上音が「思ひ出で」とe段音（下二段）なので「らる」を用いている。

c　上に「人に」と出るので簡単に受身と決められる。「る・らる」が受身になるのは原則として有情物が主語・主体となるものである。しかし、次のような例も存在する。

(1)　にくきもの……硯に髪の入りてすられたる。（枕草子）

(2)　笛の譜の、押されたる跡の壁にあるを、（讃岐典侍日記）

そこで、非情物を主語とした受身は、どうしてもそれと解釈しなければならない場合はいたし方ないけれど、安易に非情物主語の受身を乱発しないようにしていく。「恨み」は上二段動詞であることも確認しておくとよい。

d　「る」の命令形「れよ」である。命令形が存在するのは尊敬か受身である。可能・自発に命令形は存在しえない。それは、「……デキヨ」とか「自然……セズニイラレナイデイロ」などはありえないことであるからである。ここは受身の対象は考えられないから尊敬と見る以外ない。

e　格子を主語とし、「れ」を受身と見たくなるが、そうすると非情物主語の受身ということになる。そんな時、他の見方を考えていく。下に打消がない以上、可能とは見ない。尊敬はどうであろう。その場合、助詞「は」を「ヲバ」の意でとることを思いつかないといけない。「格子をばおろしていらっしゃる」の意となり、上の「なぞ」とも照応できるので、これは尊敬と見ていく。

f　「す・さす」が尊敬となるのと違い、「る・らる」が尊敬になるのは単独で用いられた場合である。そこで、「す・さす」と「る・らる」の尊敬が同時に存在しうるのである（⇩p.207）。ここは、「思す」という尊敬語動詞と併用されている以上、この「れ」は尊敬以外の働きと考えていく。ここも総合的な判断を加えると、「れ」を自発と見て、「思されけり」を「思わずにはいらっしゃれなかった」と解するところである。

通解

a 恋しく思うようなことがたえがたく、湯水も飲むことができず、同じ気持ちで悲しがった。

b 白梅・紅梅などが咲き乱れて、吹く風によって香がにおって来るにつけても、かつて住みなれたふるさとが限りなく思い出されずにいられない。

c 世の中はどんなに苦しいものと思っているだろう。多くの人に恨み言をいわれるのであるから。

d すぐにも申し文を綴って美しく書き出しなさい。

e どうして、こう暑い時に、この格子をおろしていらっしゃるのか。

f このような出歩きも慣れていらっしゃらず、窮屈な御身の上であるから、めずらしいと思わずにいらっしゃれなかった。

〔「ゆ・らゆ」について〕

奈良時代に用いられた「ゆ・らゆ」は、平安時代には「る・らる」と表現される。その職能は、自発・可能・受身であり、尊敬は存在しなかった。しかし、この語はその後も「おぼゆ」「見ゆ」などの中に入っているため、これらが受身動詞・自発動詞として用いられるのである。また、現代語の「あらゆる」「いはゆる」の中にも入っている。

まほし

「む」のク語法「まく」に「欲《ほ》し」が付いた「まくほし」から転じた、希望を表す助動詞である。未然形に付く。

まほし	まほしから	まほしく まほしかり	まほし	まほしき まほしかる	まほしけれ	○

(1) 絵かく身ならましかば、つゆたがへず書きて、人にも見せまほしかりしか（＝見セタカッタヨ）。（讃岐典侍日記）

(2) 限りとて別るる道の悲しきにいかまほしきは（＝生キテイキタイノハ）命なりけり（源氏物語　桐壺）

(3) 名取川も、いかなる名を取りたるにかと聞かまほし（＝聞キタイ）。（枕草子）

一方、希望を表す助動詞「**たし**」は平安末期から「まほし」と並んで用いられはじめたようであるが、成立当初は口語としての性格が強く、後に「まほし」を圧するようになる。

【参考】〔「ク語法」について〕

活用語を体言化するのに、「こと」を意味する「あく」という形式名詞を付けることがある。

いふ・あく　→　いはく（言ウコト）
見る・あく　→　見らく（見ルコト）
恋ふる・あく　→　恋ふらく（恋シク思ウコト）

言ひける・あく　→　言ひけらく（言ッタコト）
言はぬ・あく　→　言はなく（言ワナイコト）
言はむ・あく　→　言はまく（言オウト思ウコト）

しかし、「あく」の上の音の母音と「あく」の「あ」とが連母音になり、それが単母音化するため、「あく」という形は現われず、「く」だけが見えるために、ク語法と呼んでいる。

紛らわしい助動詞(1)

設問十三

次の傍線部に含まれる助動詞の終止形を答えよ。

a　南ははるかに野の方見やらる。（更級日記）

b　さやうの所にてこそ、よろづに心づかひせらるれ。（徒然草　一五）

c　あだなりと名にこそたてれ。（古今集　春上）

解説

一見してラ行の系列にかかわる助動詞が問題になっているとわかる。それに属するのは「る」「らる」「り」と「らむ」「らし」である。「らむ」と「らし」を見つけるのは容易である。この設問にもとられてはいない。

その中で**「る」**と**「らる」**は並び称せられることが多い。「る」と「らる」はその職能も同じである（**自発・可能・受身・尊敬**）。では、どこが違うのかといえば、付く語を異にしているのである。「る」は四段・ナ変・ラ変の未然形（ともに上接語の未然形語尾は**a段音**である）に付くという。それ以外の未然形には「らる」が付く。こうして分担している。ちょうど、現代語の「れる・られる」もそうであるし、使役などを表す「す・さす」も同じことが言える。

a　ちょっと見ると、「らる」が用いられているような錯覚を持つが、仮に「らる」を助動詞と見ると、その上が「見や」の「や」で、これはa段音であり、矛盾を生ずる。次に「る」を助動詞と考えると、その上は、「見やら」の「ら」で、これはa段音であるから、矛盾は生じない。つまり、「見やる」という四段活用の動詞の未然形に「る」の終止形が付いたのである。

b　「心づかひせ」を一語の動詞（複合サ変動詞）と見るか、「心づかひヲせ」と名詞にサ変が付いたと見るかの問題はあるが、いずれにせよ、サ変動詞の未然形に付くのであるから、「らる」が来なくてはならない。「らるれ」となっているのは上に係助詞「こそ」があるから「らる」の已然形となっていると看破できればよい。

c　「名にこそたてれ」は「名にたつ」という表現のあることがわかっている人には容易。その時、「れ」を「る」の何形かと見てはいけない。「る」なら、その上はa段音でなければならない。ここは「たて」とe段音に付いている。これは「り」の已然形（「こそ」の結び）である。「名に立つ」は「評判になっている」の意。

通解

a　南は、遠くはるかに野のあたりが自然と見やられる。

b　そのような所では、万事に気づかいをせずにはいられない。

c　移り気で誠実さがないと、評判になっている。

紛らわしい助動詞(2)

設問十四

次の傍線を施した助動詞の終止形を答えよ。

a これも昔の契りなめりかし。（源氏物語　蓬生）

b いざ桜我も散りなむひと盛りありなば人に憂き目見えなむ（古今集　春下）

c むげに荒れはてにけり。（更級日記）

d これは龍のしわざにこそありけれ。（竹取物語）

e 雨いたく降りぬべし。（源氏物語　手習）

f 朝北風の出で来ぬさきに網手はや引け。（土佐日記）

g 秋来ぬと目にはさやかに見えねども風の音にぞおどろかれぬる（古今集　秋上）

h とく歩みねかし。（枕草子）

解説

こちらは一見してナ行の系列にかかわる助動詞が問題になっているとわかる。既習の「ぬ」が中心であるが、それ以外にどんなものがあるかを考えよう。

a　「契りなめりかし」は、「契りなるめりかし」が音便となって、「契りなんめりかし」となり、その「ん」（撥音）が表記されなかったものである。「契り」が名詞であるから、この「な」は、断定の助動詞「なり」の連体形「なる」の一部ということになる。なお、ここの「音」は「前世」の意である。

b　ラ変動詞「あり」（連用形と終止形の可能性がある）に「な」が付き、さらにそこに助詞「ば」が付く。「ば」という助詞は未然形に付いて仮定を、已然形に付いて確定を表すわけであるが、「な」がａ段音であるから、原則的には未然形に付くと見ることになる。ということは、「な」を未然形と考えるのである。すると、既習の「ぬ」の未然形と見なせ、「あり」を連用形と見て、一切の矛盾はなくなる。なお、この歌の中にある「散りなむ」「見えなむ」の「な」も助動詞「ぬ」の未然形である。

c　助動詞「けり」を付けているから「に」は連用形であり、「に」の上接語が「荒れはて」という動詞の連用形と認められるから、「に」は「ぬ」の連用形と決められる。

d　断定助動詞「なり」は、時として「に・あり」に分割される。現代語でも断定助動詞「だ」が「で・ある」に分割されるのと同じである。その「あり」は、存在の意を持たない用法（補助動詞）であり、「に」を断定助動詞「なり」の連用形と見る。ここの例は、「しわざ」という名詞の下に「に」があり、その下に係助詞「こそ」があり、さらに補助動詞「あり」が来ているので、断定助動詞「なり」と見なせる。

e　何度も見てきた形で、「ぬ」の下に助動詞「べし」がある以上、「ぬ」を終止形と見る。いうまでもなく、確述（完了）である。

f　「来」はカ変動詞で「こ」（未然形）とも「き」（連用形）とも読め、「来」のところでは「ぬ」は決められない。しかし、「ぬ」の下は名詞「さき」であるから、この「ぬ」を連体形と定められ、打消助動詞「ず」と認める。その結果、「来」は未然形で読むことになる。

g　「見えねども」の「ね」の下に接続助詞「ども」があるから、「ね」を已然形と決める。已然形が「ね」となるのは打消助動詞「ず」である。そこで「見え」はヤ行下二段動詞「見ゆ」の未然形ということになる。

h 「かし」は文末形に付く終助詞である。ということは、「歩みね」で文が終わってもよいということである。「歩み」は四段動詞の連用形であるから、「ね」は、確述（完了）助動詞「ぬ」の命令形ということになる。

通解

a これも前世の因縁であるように思われるよ。

b さあ、桜の花よ、お前が潔く散るように、私も散ってしまおう。もう一盛りあったならば、あの人に私の悲しい目を見られてしまうだろう。

c すっかりひどく荒れてしまった。

d これは龍のしたことであった。

e 雨がひどく降ってしまうにちがいない。

f 朝北風の吹いて来ない前に、網手をはやく引け。

g 秋が来たと目にははっきり見えないけれど、風の音には、はっとせずにいられなかった。

h はやく一歩ずつ進んでしまえよ。

紛らわしい助動詞(3)

設問十五

次の傍線部を文法的に説明せよ。

a 後は誰にとこころざす物あらば、生けらんうちにぞ譲るべき。（徒然草 一四〇）

b 増賀聖の言ひけんやうに、名聞苦しく、仏の御教へに違ふらんとぞおぼゆる。（徒然草 一）

c 明日は遠国へ赴くべしと聞かん人に、心しづかになすべからんわざをば人言ひかけてんや。（徒然草 一一二）

解説

「らん（らむ）」という形は大別すると次の三つに分けられる。

① ――u らむ （現在推量「らむ」）

② ――e らむ （「り」の未然形「ら」＋「む」）

③ ――a らむ （活用語未然形語尾「ら」＋「む」）

今回はその判別をするための問題である。

a　②の形式であり、四段動詞「生く」の已然形「生け」に、助動詞「り」の未然形「ら」が付き、それに助動詞「む」の連体形が付いたもの。「生きているようなうちに」の意。

b　①の形式で、助動詞「らむ」の終止形である。「仏の教えに背いているだろう」の意。

c　「べからん」は③の形式で、助動詞「べし」の未然形「べから」に連体形「む」の付いたもの。「おちついてしなければならないようなこと」の意。

通解

a　「後は誰々にゆずろう」と志す物があるならば、生きているようなうちに譲るのがよい。

b　増賀上人が言ったとかいうように、世間の評判に汲々としているようで、仏の御教に背いているだろうと思われる。

c　明日は遠い国へ旅立とうと聞いているような人に対して、おちついてしなければならないようなことを誰が言うであろうか。

〈補説Ⅲ〉助動詞相互の重なり方

助動詞を重ねて用いる場合、一定の順序がある。それを表にすると次のようになる。ただし「つ」については多少の出入りがある。

①	②	③	④		
す	給ふ	り	けり	き	む
さす	奉る	たり（完了）	なり（伝聞）	ず	けむ
しむ	聞ゆ	つ	めり	べし	らむ
る	申す	ぬ		まじ	らし
らる	侍り				まし
	候ふ	ざり			じ
	給ふる〈下二段〉	べかり			
		まじかり			
活用形完備	活用形完備	活用形やや不備	活用形不備		

注1 ②のものは、本書では助動詞とはせず、敬語の補助動詞と考えているが、助動詞相互の重なり方を見る上で重要なので、あえて入れておく。

注2 「なり」「たり」（断定）「ごとし」は体言、準体言をはじめ、種々の語に接続するので除く。

注3 「まほし」「たし」は②と③の間に位置するが、「まほしく（う）侍り」の順序に従う。

(1) 御覧ぜられ① たてまつり② 給ふ② めり④ しか④。

(2) 知らせ① たてまつり② 給は② ざり③ ける④を、

(3) 心にしるく出でられ① ぬ③ べから③ む④をいへ。

(4) いかになりに③ たる③ らむ④。

(5) 蛇《くちはな》を捨てさせ① たり③ き④。

右のように、原則として①→②→③→④の順で重なり、①→④、①→③、②→④のように、あいだを欠いてもかまわないが、④→③、③→①のように、順序が逆になることはない。

また、上にくる助動詞は活用形が完備しているが、下に来るほど活用形が不備であるのは、意味上の問題もあるが、下にくればくるほど、他の助動詞と連接する必要がないからである。助動詞の重なり方の秩序については、口語でも同じことがいえる。例えば、「――ただろう」とはいえるが、「――だろうた」とはいえない。

助詞の解釈

1 助詞とは

助詞は、活用のない付属語である。常に自立語の下に付いて（ある場合には、自立語に助動詞のついたものに付いて）文節を構成し、その文節が、他の文節にどんな関係で係るかを明らかにしたり、その文節に一定の意味を添え加えたりする働きをもっている。

助詞を現行では六つに分けるのが一般的であるが、もう少し大きく、語と語・語句と語句との関係を表すものを仮に関係助詞と呼び、意味を添える働きをするものを添意《てんい》助詞と呼んで表にしてみよう。このような名称を与えたのは、主として関係助詞は関係を考え、添意助詞は意味を考えていこうということからである。

関係助詞

(1) **格助詞**　体言や準体言に付いて、それが他の語・文節にどういう資格（主語・連体修飾語・連用修飾語）で続いていくかを明示する。

語例——の・が・を・に・へ・と・より ナド

(2) **接続助詞**　用言や用言に助動詞の付いたものに付いて、主として下の用言に係る（連用修飾語）となることを示す。

語例——ば・ど・ども・とも・て・つつ・ながら・で・を・に ナド

添意助詞

(3) **副助詞** 種々の語に付いて、その語を含む文節が下の用言に対し副詞的に係ることを明らかにする。その際、細かい意味を添える。

語例――だに・すら・さへ・のみ・ばかり・など ナド

(4) **係助詞** 種々の語に付いて、それと結び付く語句との間にある意味を加える。副助詞は意味を添える力しかないのに対し、係助詞には受ける文節を呼ぶ力がある（⇩係り結び）。

語例――は・も・ぞ・なむ・こそ・や・か ナド

(5) **終助詞** 種々の語に付いて、切れる文節を作る。つまり、常に文の終わりに位置し、話し手や書き手の細かな気持ち（願望・感動・疑問・禁止・断定・念押しなど）を添える。

語例――ばや・なむ・もがな・てしがな・にしがな・かな・や・か・な・そ・ぞ・かし・は ナド

(6) **間投助詞** 文節の切れ目に位置し、語調を整えたり、感動の意を添えたりする。

語例――や・を・よ

なお、語例にあげたもの以外に、他の品詞・他の助詞から転成して接続助詞や終助詞になった語もあるが、それは各説の項で適宜とりあげることにする。また、古文の助詞は現代語のそれと用法が重なるものも多いので、今回は解釈上注意する語、解釈の際の着眼点となる語に限ってとり扱う。

2 関係助詞

の・が

この語は、いうまでもなく格助詞である。格助詞の用法は前にもあげたが次の三つである。

① 主格　主として下の用言へ係り、主語の資格となる。その係り所の用言は述語となる。（花の咲く木……「花の」は動詞「咲く」へ係っている）

② 連体修飾格（連体格）　下の体言へ係る。（山の端……「山の」は名詞「端」へ係っている）

③ 連用修飾格（連用格）　下の用言へ係るが、主語とはならない。（絵を見る……「絵を」は動詞「見る」に係っている）

「の（が）」はこのうち、主格と連体格になるのが普通である。

(1) 紫だちたる雲の細くたなびきたる。（枕草子）

(2) それの年の十二月の二十一日の日の戌の時（土佐日記）

(1)は主格、(2)は六つとも連体格である。「が」も同様である。

(3) 今までとまり侍る（コト）がいと憂きを、（源氏物語　桐壺）

(4) 梅が香を袖にうつしてとどめてば（古今集　春上）

よく連体格の用法を細かく分類する（例えば、所有・所在・所属・範囲・作用主など）けれども、現代でもすべて「ノ」であるから、こだわる必要はない。

さて、その主格の用法から**同格**と称される用法が生じた。次のような例である。

(5) 下衆女のなりあしきが、子を負ひたる。（枕草子）
(6) いと清げなる僧の、黄なる地の袈裟着たるが、来て、（更級日記）

「下衆女の」は「なりあしき」の主語、「いと清げなる僧の」は「着たる」の主語になっているが、「あしき」「着たる」がそれぞれ連体形準体法であるから、下の「子を負ひたる」「来て」を考えて補う体言を想定すると、「なりあしき下衆女が」「着たる僧が」とせざるをえない。「の」の上の名詞と同じ名詞を入れることになるのである。つまり、「の」の付いた語句「下衆女」「いと清げなる僧」と、「の」の続く語句「なりあしき」「着たる」とが、結果的に対等の関係となっている。このような用法を同格というのである。解釈の際には「下衆女デ、ナリノ悪イ女ガ」「……僧デ、……着テイル僧ガ」とすると、同格の感じが出てよい。

「が」にも同格と考えられる用法がある。

いとやむごとなき際にはあらぬ（人）が、すぐれて時めき給ふ（人）、ありけり。（源氏物語）

この「が」を接続助詞に見誤ることもあるが、平安中期には接続助詞「が」はまだ発生していない。「いとやむごとなき際にはあらぬ」が主語として「すぐれて時めき給ふ」に係り、「いとやむごとなき……時めき給ふ」が大きく主語節となり、「ありけり」という述語に係るのである。院政期以後に「ケレドモ」の意の接続助詞が出てくるのは、このような用法から転じたのである。詳しくは次のようである。

主［—㊍が…　—用言］述

—㊍が…　—用言

「—㊍が」がその係り所の用言の主語になっている。→この時の「が」は主格となる。

「—㊍が」がその係り所の用言の主語になっていない。→「が」を接続助詞と見る。

設問一

次の傍線を施した「の」の用法を考えよ。

a 若き女の死にて伏したるあり。その枕上に火をともして、年いみじく老いたる嫗の(1)白髪白きが、その(2)死人の枕上に居て、死人の(3)髪をかなぐり抜きとるなりけり。

（今昔物語　29の一八）

b 藤原敏行朝臣の(1)業平朝臣の(2)家なりける女をあひ知りて、ふみつかはせりけることばに、「いまうでく。雨の(3)降りけるをなむ見わづらひ侍る」と言へりけるを聞きて、かの(4)女にかはりてよめりける、

在原業平朝臣

かずかずに思ひ思はず問ひがたみ身を知る雨は降りぞまされる

（古今集　恋四）

解説

a (1)「年いみじく老いたる嫗の」は「白髪白きが」へ係るが、「白き」が連体形準体法であるから、その下に名詞を補ってみると「白髪白き嫗が」となって意味が通じる。「年いみじく老いたる嫗」と「白髪白き」とが対等の関

係となるので、「の」を同格と見る。⑵「その」は直下の「死人」という体言に係る。連体格の「の」である。⑶「死人の」は、これも直下の「髪」へ係る。連体格である。

b ⑴の「藤原敏行朝臣の」は、どう見ても直下の「業平朝臣」へは係らない。「あひ知りて」へ意味上つなげて読んではじめて正しく読める。主格である。常に直下の語とだけ意味上のかかわりを持つということではないから注意しておくことである。⑵「業平朝臣の」は直下の「家」に係る。連体格。⑶「雨の」は「降りけるを」に係る。主格。⑷「かの」も直下の「女」に係る。連体格。

通解

a 若い女で、死んで横たわっているものがいる。その枕上に火をともして、ひどく年をとった老婆で、髪の白くなった老婆が、その死人の枕上にすわって、死人の髪を手荒く抜き取っているのであった。

b 藤原敏行朝臣が、業平朝臣の家にいた女と慣れ親しんで、文をやりなど致したそのことばに「もう少ししたら参ります。雨が降っているのを見て、困っています」と言ったのを、業平が聞いて、その女にかわって詠んだ歌

在原業平朝臣

あれこれと私の身を思ってくれているのか思ってくれていないのかということが私からはたずねにくいので、私があなたにどの程度思われているのかと私のことを知っている雨は、いよいよ降りつのっていることです。

格助詞「の」について補説を加えておく。この助詞は主格と連体格が中心だと述べたが、**連用格**となることもある。それは「**例の**」と用いた場合が普通である。

日暮るるほど、例の集りぬ。　（竹取物語）

この意味は「いつものように」である。

また、**「の」と「が」の違い**についてよく尊卑の別があったといわれる。『古今集』の左注に

この歌は奈良帝の御歌なり。

この歌は、……柿本人麻呂が歌なり。

とあるように、「の」は尊意を、「が」は卑意を表したというが、それはすべてではない。ただ、平安時代以降の散文では、主語が名詞の場合は「の」、準体言の場合は「が」を用いるという使い分けはあった。

より

格助詞の多くは、ほとんど現代語と同じ意味で考えてよいが、**「より」**だけは古文に限って用いられる意味がある。

① 起点の意　はじめより（＝初メカラ）我はと思ひあがり給へる御方々、（源氏物語　桐壺）

② 経過点・通過点の意　木の間より（＝木ノ間ヲ通シテ）もり来る月のかげ（古今集　秋上）

③ 比較の意　その人、かたちより（＝顔カタチヨリ）は心なむまさりたりける。（伊勢物語）

④ 手段・方法の意　人夫《ひとづま》の馬より（＝馬デ）行くに己夫《おのづま》し徒歩《かち》より（＝徒歩デ・歩イテ）行けば（万葉集　巻十三）

⑤ 「……するやいなや」の意（活用語の連体形に付く場合に限られる）

名を聞くより（＝聞クヤイナヤ・聞クトスグニ）、やがて面影はおしはからるる心地するを、（徒然草　七一）

以上のうち①〜③は現代語にもあるが、それ以外は現代語の用法にはないので注意しておきたい。

条件法

接続助詞を含む文節が下の用言へどのような条件で係っていくかを図表化すると次のようになる。

	順接	逆接
仮定条件	モシ……ナラバ 動詞型　未然形＋ば 形容詞型　連用形＋は	モシ……テモ 動詞型　終止形＋とも 形容詞型　連用形＋とも
確定条件	……ノデ・カラ ……スルト・シタトコロ 已然形＋ば	……ケレドモ 已然形＋{ど／ども}

花咲かば、見に行かむ。（仮定・順接）
花咲くとも、え見に行かざらむ。（仮定・逆接）
花咲けば、見に来にけり。（確定・順接）
花咲けども、見ずなりにけり。（確定・逆接）

条件法の中で大切なことをあげておく。その一つは、仮定条件の係り方である。仮定条件は、原則的には、まだ終わってないこと、これからおこりそうなこと（未確定なこと）を叙している箇所に係る。まだ終わっていないこと、これからおこりそうなことは意志・推量・願望・命令などの表現を含むことが多いから、「未然形＋ば」や「終止形＋とも」は、これらを含む文節へ係るわけである。

(1)　雨降らば、出づまじ。
(2)　雨降るとも、行くべし。

この性質を知っておくと、その係りどころの発見も容易になるだろう。

〔「已然形＋ば」の意味について〕

「已然形＋ば」という形式が出ると、すぐに「〜ので・〜から」という訳をつけて、係り所をそれに合わせようとして、結果的には何を言っているのかがわからないような答案例が出る。また、「已然形＋ば」の訳としての「〜ので・〜から」と「〜したところ・〜すると」とが、全く別だと考えている者もあるようだが、そうではない。

「已然形＋ば」という形式は、そこで意味的まとまりを考え、さらに助詞「ば」は下の用言に係るということである。そして、已然形を用いているのだから、それは本来確定しているということでもある。つまり、xの已然形に助詞「ば」が付き、yに係っているというのは、確定したxは、その係り所yの先行事態だということを表すのである。

(3)　富士の山を見れば、煙立たず。（十六夜日記）

これは、富士の山を見るという確定した事態が、「煙立たず」の単なる先行事態ということで、「見ると・見たところ」などと現代語化する。

ところが、先行事態xが、その係り所（後行事態）yの原因や理由になっていることもある。

(4)　海荒ければ、舟出ださず。（土佐日記）

海が荒いという確定したことが、「舟出ださず」という後行事態の原因・理由となったのである。「已然形＋ば」をどう訳すのかというと、係り所である用言yを確かめて決めるということである。

その結果、xという事態の下では、常にyという後行事態になるということもあり、これを恒常条件とか恒時条件と呼び、「〜すると、いつも」などと現代語に訳すことがある。

(5)　家にあれば、笥《け》に盛る飯《いひ》を（万葉集　巻二　一四二）

「家にいる時はいつも食器に盛る飯を」というのである。

また、非常に稀な例ではあるが、確定した先行事態xとその係り所の後行事態yとが逆接となっていると考えなければならない場合もある。

設問二

傍線部はどんな条件を表すのか、また、どこに係るか。

a 雨は止みたれど、風なほ吹きて舟出ださず。（更級日記）

b 飽かず惜しと思はば、千歳をすぐすとも、一夜の夢の心地こそせめ。（徒然草　七）

c 五月待つ花橘の香をかげば昔の人の袖の香ぞする（古今集　夏）

d 命惜しくは、泣くべからず。（平治物語）

e この世にうち捨て給へるはつらければ、後の蓮の上と契り給ひし志は忘れ給はぬなめり。（成尋阿闍梨母集）

（注）老いた母を日本に残して渡宋した我が子成尋が夢に出て、経典を読むように促した後の感想である。

解説

a 「止みたれど」の「たれ」は助動詞「たり」の已然形、それに「ど」が付き、逆接の確定条件となる。「雨は止んでいるけれど」の意。「舟出ださず」へ係る。

b 「思はば」の「思は」は四段動詞「思ふ」の未然形、それに「ば」が付き、順接の仮定条件となる。「満足せず名残惜しいと思うならば」の意。「すぐすとも」の「すぐす」は四段動詞「すぐす」の終止形、それに「とも」が付き、逆接の仮定条件となる。「千年をすごしても」の意。「一夜の夢の心地こそせめ」は、「一晩の夢の心地がするだろう」の意。「め」は、「こそ」の結びのために「む」が已然形となっている。「思はば」も「すぐすとも」も、未確定を含む表現の「せめ」に係る。

c 「かげば」の「かげ」は四段動詞「かぐ」の已然形、それに「ば」が付き、順接の確定条件ということになる。「香ぞする」に係ることを発見するのは容易（「する」しか用言がないから）である。その解釈であるが、「香をかぐので」というような原因理由では通らない。「香をかぐと」とすべきである。ただ、「香をかぐといつも」として、恒時（恒常）の条件と見てもよい。

d 「惜しくは」の「惜しく」は形容詞の連用形、それに「は」が付き、順接の仮定条件となる。未確定の表現を含む「泣くべからず」へ係る。

e 「つらけれ」は形容詞「つらし」の已然形であり、それに「ば」が付いているのである。「つらし」は「つれない・薄情だ・冷淡だ」などの意味で、現代語とは異なる。「この世に老母をうっちゃっていらっしゃるのは、薄情な仕打ちだ」というのが、先行事態である。その係り所は「忘れ給はぬなめり」であり、「（後世に極楽浄土で会おうと約束をなさった）気持ちをば忘れてはいらっしゃらないようだ」の意味であるから、「つれなければ」は、「つれないけれど」と逆接に読まないと続かない。

通解

a 雨は止んでいるけれど、風は依然として吹いて、舟を出さない。

b 満足せず、名残惜しいと思うならば、千年を過ごしても、一晩の夢の心地がするだろう。

c 五月を待って咲く花橘の香をかぐといつも、昔なじみの人の袖の香がする。

d もし、命が惜しいならば、泣いてはいけない。

e この世に私をお捨てになっているのは薄情であるけれど、後世の（極楽の）蓮の上で会おうと約束をなさった気持ちは忘れていらっしゃらないのであるようだ。

て

接続助詞「て」は、意味がむずかしいことはない。ただ、文の構造を見ていく際に、いろいろと問題となる助詞である。そこで、次のように見ていくことにする。

① 形容詞・形容動詞など状態性の語に付く「て」

状態や性質などを表す。「あり・見ゆ…」などの動作性ではない動詞に付くこともある。

例 うつくしうてゐたり。（竹取物語）

この例では「うつくし」、つまり「かわいらしい状態で」の意。いつも「―の状態（気持ち）で」としてから訳をはじめるとよい。

② 動詞など動作性の語に付く「て」

「―a―て→―b―」の形式で考えて見る。その際に、「て」の付くaは、その係り所であるbの先行動作（bよりaの方が前の動作）である。現代語も古典語と変わってはいない。例えば、「見て感動する」というと、まず「見」て、次に感動するというのである。その時に注意すべきことが二つある。

〈時制表現について〉

時制表現が必要な時はbに出る。aには出ず、bの時制がaをも支配する。「昨日、友を誘って（a）、出かけた（b）」という例で確かめてみよう。「誘っ」たのも昨日で過去のことだが、そこには過去を表す表現はなく、その係り所である「出かけ」の下に「た」という過去の助動詞を付けて、全体を過去のことにしているのである。「友を誘って出かけた」も「友を誘って出かけよう」も、「誘って」の形は同じなのである。

これから言えることは、接続助詞「て」は、「ば・ど・に・を・が」とは異なり、意味をまとめる力がなく、常に**その係り所を確認した上で、全体として矛盾のない読みをしなければならない助詞**であるということである。

〈主体・主語について〉

(1)　aの主体・主語
　　＝
　　bの主体・主語

この後に掲げる(2)以外は、a・bの主体・主語は同じであることが多い。この時、古文では主語が明確になるものを、bの前に置くこともある。「驚いて、彼は振り返った」などは、現代語でも言う所である。主体・主語にかかわる敬語は尊敬語であるが、(1)の時に、尊敬語と「て」とが関係した時も留意すべきことがある。

a㊖て……b㊖

＝

aて……b㊖

つまり、abが同一主体の場合、aの所に尊敬語が付き、bの所にも尊敬語がついてもよいのだが、aには尊敬語がなくても、ｂに尊敬語が出ていれば、両方に尊敬語が付いたのと同じことになるのである。そこで、尊敬語を必要とする人の動作でありながら、そこに尊敬語がなく、「て」が付いていた時は、係り所に尊敬語が出るはずであるから、それを念頭において読むようにするのである。また、尊敬語に「て」が付いている時は、主体が変わらない限り、係り所には尊敬語が出ると考えて読むようにするとよかろう。

(2) ａの主体・主語 ≠ ｂの主体・主語

「て」という助詞を用いていても、ａとｂとの主体・主語が異なることもある。それは次のような場合であることが多い。

Sa｜ａ て → Sb｜ｂ

ａとｂとの主体・主語が表示上で違っていたり、明らかに異なると考えられる場合である。「風が吹いて、花が散った」「国破れて、山河あり」などはその典型である。しかし、「桜が咲いて、見に出かけた」などは、ｂに主語はないけれど、桜が主語になるはずはないのである。

｜ａ ㊀尊 て … → ｜ｂ

ａｂが同一主体であるなら、必ずｂには尊敬語を出さなければならないのである。そのｂに尊敬語が出ていない以上、

aとbの主体・主語は異なると見るのである。「先生が急に大きな声をお出しになって、驚いた」などの例を思い起こしてみるとよかろう。

「て」という助詞の前後で、主体・主語が変わる変わらないは結果の問題である。読む時は、常に「…て、ドウスル」と読み、あらゆる面から矛盾のない読みをすることが大切である。

助詞「て」と同じように、意味のまとまりを持たず、係り所bまでを読んで全体で考える助詞としては、他に、「で」と「つつ」がある。

設問三

次の文章は、作者が久しぶりに宮仕えをした時のことを述べている文である。傍線部はどこに係るか。

さべき折ふし参りて、つれづれなるさべき人と物語などして、めでたきことも、をかしくおもしろき折々も、我が身はかやうに立ちまじり、いたく人にも見知られむにも憚りあべければ、ただ大方の事にのみ聞きつつ過《す》ぐす。

（更級日記）

解説

この問題では、「物語などして、ドウスル」と見る。次に出る動詞は「立ちまじり」であるが、これは連用形中止法で「見知られ」と対になって、「立ちまじったり、人目に立ったりするような時にさしさわりがある」となるものであるから、ここには続かない。次に、「聞きつつ過す」と出る。この「聞きつつ過す」が答えとなる。意味の上でも「物語などをして、過す」となり、不都合はないはずである。ここの構造は次のようになっている。

……参りて……人と物語などして

めでたきことも／をかしく／おもしろき折々も　……立ちまじり／……見知られ　む

〈コト〉にも憚り〈ガ〉あべければ……聞きつつ過す。

設問以外であるが、「さべき折」「さべき人」「あべければ」に注意しておきたい。既にふれたように「さるべき→さんべき→さべき」「あるべければ→あんべければ→あべければ」となったものである。「大方」は「世間一般」の意（名詞）である。

通解

適当な時々に参上して、手持ち無沙汰な、適当な人と世間話などをして、すばらしいことも、趣き深くおもしろい時々も、私自身は、このように人々の中にまじったり、あまり人目に立ったりするようなことにもさし障りがあるに違いないので、ただ世間一般のこととしてだけ何度も聞いて過ごしていた。

3 添意助詞

だに・さへ

この二語は副助詞である。これによく「すら」を加えていうこともあるが、「**すら**」は『万葉集』など奈良時代には用いられているが、平安時代以降は使われることが少なくなり、漢文訓読文やその影響を受ける文、男性の手になる和歌の中に出るようになる。そして、意味的には「だに」に吸収される傾向が強まった。

「**だに**」は、奈良時代から用いられ、平安時代には「すら」の領域までを持つようになっていくほど全盛を極めるが、室町時代には急激にその勢力を失っていく。その意味は、他のすべてをゆずった最小限のものごとを指示し、背後に、それ以外のものごとを暗示していく。そこで、一般的に「だに」の係っていく箇所に期待をこめた未確定表現や否定表現が来るのが本来的用法となる。訳語などもあげて、もう少し具体的に示す。

① ――だに → 願望・命令ナド　（セメテ）……｛ダケデモ／ナリトモ｝

(1) なほ、この正月の司召しをだに待て。（平中物語）

(2) 夢をだに見ばや。（源氏物語　夕顔）

(1)は下に命令をとった例で、「せめて今度の一月の司召しの除目だけでも待て」といって、待つ限度を示し、それ以上のことはとやかく言わないと、他を譲った表現となっている。(2)は下に願望をとった例で、「せめて夢をなりとも見たい」といっている。これも、夢を見たいというのは譲れないところだとし、他のことはなくても仕方がないとしている表現である。

②　――だに――→打消ナド　……サエ

(3)　一文字をだに知らぬ者しが、足は十文字に踏みてぞ遊ぶ。（土佐日記）

(4)　「翁丸か」とだに言へば、喜びてまうで来るものを、（枕草子）

下に否定表現が来る「だに」は「（せめて…だけでもと思うのに、その）…さえも…ない」という意味であったのが、次第に「…さえも」という意味だけで使えるようになり、下に否定表現のない例も出て来るようになった。(3)は下に打消をとった例で、「一という文字をさえ知らない者が、足は十という文字に踏んで遊ぶ」の意。(4)は特に何かを下に要求していないが、「さえ」の訳語があてられる。「翁丸かとさえ言うと、よろこんでやって来《き》などいたしたのに」の意となる。

「さえ」という現代語から考えてもわかることだが、この語は他の概念と対比する働きがある。そのため、次に当然予想されることを、「まして」や「況んや」ではじまる句で対比的に顕示することもある。

(5)　姉なる人、子生みて亡くなりぬ。よそのことだに幼くよりいみじくあはれと思ひわたるに、まして、いはむ方なくあはれ悲しと思ひ嘆かる。（更級日記）

この構文を次のように図示してみる。

――(A)――だに――(イ)――

↔まして　＞

――(B)――　――(ロ)――

AとBは対比される概念、（ロ）は（イ）以上であることを示す。この構文は省略構文となることも多いから、書かれていない部分を補って考えていくとよい。また、この構文で、述べたい中心部は、「Bは（ロ）なり」の部分であることはいうまでもない。

(5)は、「姉が子を生んで、そのために亡くなってしまった。身内でない人の死でさえ、幼少の時から悲しく気の毒だと思い続けてきたのだから、まして肉親の姉の死は、いいようもなく『ああ、悲しいことだ』と思い嘆かずにはいられない。」の意である。この文にBにあたるところは書かれていない。しかし、Bが姉の死を指すことは明らかである。それによってAの「よそのこと」は身内ではない人の死ということになる。

「**さへ**」は奈良時代から用いられ、現代まで使われているが、鎌倉時代までの意味と現代語の意味は違う。古文の「さへ」は**添加**の意を表しているので、「（ソノ上）……マデモ」と訳していく。

(6)　女君、「心憂き宿世ありて、この人にさへおくれて、いかなるさまにはふれ惑ふべきにかあらむ」と思ひ嘆き給ふ。（源氏物語　関屋）

(7)　我をこそ捨てめ。様をさへかへけむ事のうらめしさよ。（平家物語　巻十）

(6)は、「女君が『悲しい前世からの宿縁があって、この人にまでも先だたれて、私はどんなふうにさまよい惑うはずであろうか』と思い嘆きなさる」という意だが、他の人に先だたれたばかりでなく、この人にまで先だたれるということを表している。一方、(7)は、「私を捨てるのだろう。そればかりでなく、姿を変えて出家までしたとかいうような事がうらめしいことよ」の意である。現代語と違い、あるものの上に他のものが加わったという意であることに注意して行きたい。

例題一

傍線部の具体的意味を考えよ。

八幡の別当頼清が遠類にて、永秀法師といふ者ありけり。家貧しくして、心好けりけるが、夜昼笛を吹くよりほかのことなし。（中略）頼清、聞きあはれみて、使ひやりて、「などかは何ごとも宣はせぬ。かやうに侍れば、さらぬ人だに、ことにふれて、さのみこそ申し承ることにて侍れ。うとく思すべからず。たよりあらんことは、憚らず宣はせよ」と言はせけり。（発心集）

（注）八幡の別当―石清水八幡宮の別当。

通解

石清水八幡の別当である頼清の遠い親戚で、永秀法師という者がいた。（永秀は）家が貧しくて、風流心のある者であった、その永秀が夜も昼も笛を吹く以外のことはなかった。（中略）頼清はそれを聞いてかわいそうがって、使いの者をやって、「どうして何事もおっしゃらないのか（言って下さってかまわないのに）。私は石清水八幡の別当でありますから、縁続きでない人でさえ、何かにつけて、そのように申したり、承ったりすることでございます。私のことを疎遠にお思いになってはいけません。頼みにすることがあるようなことについては、はばかることなくおっしゃってください」と言わせた。

解説

「さらぬ人だに」の「だに」は対比を表す意である。具体的に対比することがらが示されていない。そこで、「さらぬ人だに」がどこに係るか考えて訳してみる。「そうでない人にさえ、何かにつけて、そのように申したり、承ったりすることでございます」ということだが、その下に「私のことを疎々《うとうと》しくお思いになってはいけません。頼みにすることがあるようなことについては、遠慮なくおっしゃって下さい」と出、これは、「あなた（永秀法師）」を主体として言っている。すると、「さらぬ人」は永秀（頼清が遠類）と対比されることになる。その結果、「さらぬ人」を「縁続きでない人」というように解していく。なお、「かやうに侍れば」は、「私は石清水八幡の別当でございますから」の意である。

係り結び

① 係り結び

文が活用語で終わる時は、その終止形で結ばれるのが普通である。ところが、文中に係助詞があって、その係助詞を含む文節が文末の切れる文節にかかる場合には、文末の活用形が一定の法則に従って変わる。この現象を「係り結び」といい、この場合の係助詞を「係り」、それに応ずる形を「結び」という。「係り結び」を整理した形で表すと次のようになる。

（係り）	（結び）	（意味）	（例文）
……や	連体形	疑問・反語	人や見る。
……か	連体形	疑問・反語	たれかある。
……ぞ	連体形	強意	男君一人ぞおはする。
……なむ	連体形	強意	秋になむありける。
……こそ	已然形	強意	この女をこそ得め。

係り結びに注意すると、係助詞を含む文節がどこに係るかを容易に発見できたり、歌の句切れを見つけたりすることにもなる。

② 結びの消失

係り結びは本来、切れる文節との間に行われるものであるが、「係り」を受ける文節がそこで切れずに接続助詞を伴って下に続いていく場合などは、連体形や已然形で結ぶ拘束がなくなる。これを結びの消失とか結びの流れなどと言う。

何とせしわざぞと、今なむ悔しけれど、今もえかき絶ゆまじくなむ。（堤中納言物語　はいずみ）

たとひ耳鼻こそ切れ失すとも、命ばかりはなどか生きざらん。（徒然草　五三）

傍線の結びとして、「○○」の所で文が切れれば、「悔しき」「切れ失すれ」となるはずであるが、「●」のような接続助詞が下についているために結びが流れているのである。

③　**結びの省略**

係りがあっても、それを受ける結びが省略されることがある。これを結びの省略という。現象面からいえば、末尾が係助詞で終わっている。つまり、省略文である。省略は、会話文や心内文などに多く、省略される語は「あり」「言ふ」「聞く」などであることが多い。②の例文の「えかき絶ゆまじくなむ」も結びの省略であり、下に「ある・侍る」を補ってみるとよい。

時方とおほせらるるは、誰にか（あらむ）。（源氏物語　浮舟）

悦び泣きとは、これを言ふべきにや（あらん）。（平家物語　巻三）

まことに、その折もかくこそ（ありけめ）と見えたり。（大鏡　道長）

④　**引用文・挿入の中の係り結び**

引用文・挿入中の係り結びと、地の文中の係り結びとは、互いに関係がない（⬇第六講）。

たとえば、

(1)「……、神の鳴りつる音になむ出でてまうで来つる。」といふを、（蜻蛉日記）

(2)「……、よろづいとあぢきなくなむ」と聞え給ひて、（源氏物語　須磨）

で、(1)は会話文中で係り結びが完了している（なむ―連体形）例であり、(2)は会話文中で係りはあってもその結びが省略されている例である。けっして引用文中の係りに対して地の文中の語で結ぶことはない。挿入の場合も同じである。

(3)〈前の世にも御契りや深かりけむ。〉、世になく清らなる玉の男御子さへ生まれ給ひぬ。（源氏物語　桐壺）

(4)〈いづれの御時にか〉、女御更衣あまた候ひ給ひける中に、（源氏物語　桐壺）

〈　〉内が挿入である。(3)は係り結びが完了している例、(4)は結びの省略の例である。

設問四

次の傍線部に対する結びを説明せよ。

a　世の中は何か常なる飛鳥川昨日の淵ぞ今日は瀬になる（古今集　雑下）

b　山里はもののわびしきことこそあれ世の憂きよりは住みよかりけり（古今集　雑下）

c　世に語り伝ふること、まことはあいなきにや、多くは皆そらごとなり。（徒然草　七三）

d　年頃よくくらべつる人々なむ別れがたく思ひて、しきりにとかくしつつ、ののしるうちに夜ふけぬ。（土佐日記）

解説

a 「何か」は「常なる」に係る。つまり、「か」の結びは「なる」（断定助動詞の連体形）である。ということは、この歌は二句切れである。「淵ぞ」は「瀬になる」に係る。「ぞ」の結びは「なる」（動詞「なる」の連体形と見る）である。

b 「ことこそ」は「あれ」（ラ変動詞の已然形）に係る。この歌は三句切れである。ただし、下に対して、逆接で読むことができる。

c 「あいなきにや」の下に「あらん」を補って解する。「に」は断定の助動詞「なり」の連用形である。挿入（⇩p.221参照）の中の係り結びということになる。ただ、「や」の結びである「ん」は出ていないので、結びの省略である。文の構造としては、「世に語り伝ふること、多くは皆そらごとなり」が本筋で、それに対し、作者の主観的立場からの推測が「まことはあいなきにや（あらん）」である。

d 「人々なむ」は「ののしるうちに」へ係る。ここで文が切れないので、結びが流れたのである。「夜ふけぬ」の「ぬ」が結びだと錯覚しないことである。この「ぬ」は完了助動詞の終止形である。

通解

a 世の中は何が常であるか、常なるものなどない（無常である）。たとえば、飛鳥川で、昨日淵であったところは今日は瀬になる。

b 山里は何となく心細いことはある。しかし、雑事の煩わしい俗世よりは住みよいことだなあ。

c 世に語り伝えることは、本当の事はおもしろくないのであろうか、多くはみな嘘言である。

d 長年親しくつきあってきた人々は別れにくく思って、しきりにああこうと世話をしいしいして、騒いでいるうちに、夜がふけてしまった。

係助詞の訳

ここで改めて、係助詞をいかに訳すかを述べておこう。

① ――A――は、――B――。 ⬇ ――a――ハ――b――。

「は」は「風は吹く」「文は書かず」「それは知らず」などと使う。「風は」は主語であるが、「文は・それは」は連用修飾語である。現代語では、「は」を主語の時に用いることが多いので、連用修飾語として用いられることのあることを忘れがちである。「文は」は「文ヲバ」の意、「それは」は「それニツイテハ」の意である。

② ――A――も――B――。 ⬇ ――a――モ――b――。

「も」は「は」に準じて考える。

③ ――A――{ぞ／なむ／こそ}――B――。 ⬇ ――a――ハ――b――。 または、係助詞を訳さないで――a――〈 〉――b――とする。

（〈 〉には、ガまたはヲを入れてもよい）

「ぞ・なむ・こそ」は、それを含む文節を強めるのである。たとえば、「月ぞ海に入る」は「月」を強めた表現であり、「月は海に入る」と解するとよい。それに対し、「月海にぞ入る」は「海に」を強めた表現で、「月が海に入る」と解する。これを強めだといって「きっと……」などと訳さないこと。「きっと」は副詞であるから、下の動詞に係って、強めるところを違えてしまう。

④ ―A―｛や／か｝―B。

⬇

―a―＞―b―カ。

現代語に疑問の係助詞はないので、終助詞「カ」を用いて疑問文にするのである。「や」と「か」の違いについても言及しておこう。次の例を見てほしい。

人やある。（人ガイルカ）　　誰かある。（誰ガイルカ）

絵をや見る。（絵ヲ見ルカ）　　何をか見る。（何ヲ見ルカ）

京にや行く。（京ニ行クカ）　　いづこにか行く。（ドコニ行クカ）

以上の例でわかるように、「や」は係っていく「B」を疑問にし、「いるか、いないか」「見るか、見ないか」「行くのか、行かないのか」を問うのであり、「人」「絵」「京に」を直接疑問にはしてないのである。それに対し、「か」は、それを含む文節「A」を疑問にして、係っていく「B」を直接疑問にはしていない。つまり、「いることはわかっているが、それが誰なのか」「見ていることはわかっているが、それが何なのか」「行くことはわかっているが、それがどこなのか」という疑問なのである。そこで、疑問語の下には「か」が来ることになる。しかし、「か」は常に疑問語の下に来るとは限らない。次の例である。

団子か食ふ。

何かを食べていることは疑問の余地はないが、それは団子なのかという意味である。

ここで**反語**についてもふれておく。**反語とは、疑問文の形式をもってはいるが、内容的には否定を意味する文**ということである。ということは、疑問文でありさえすれば、常に反語となる可能性を有しているということにもなる。

強い疑問表現は反語になりやすいという性質があるので、「や・か」の下に「は」を付けて「やは」「かは」と用いられると、反語となる確率は高くなる。

⑤　もぞ・もこそ

係助詞「も」に、係助詞「ぞ・こそ」が付いたもの。その多くは、近い将来に危惧の念を抱く感じを表す。「……でもしたら、いけない（大変だ・こまったことになる）」という訳をあてる。

雨もぞ降る。（雨が降りでもしたら、大変だ）（徒然草）

便なきこともこそ出で来れ。（不都合なことが起こりでもしたら、いけない）（大鏡）

訳出に留意すべき終助詞

設問五

傍線を付した助詞に注意して、解釈せよ。

a　心あらむ人に見せばや。（後拾遺集）

b　いつしか梅咲かなむ。（更級日記）

c　み吉野の山のあなたに宿もがな。（古今集　雑下）

d　文こそ侍れな。（無名草子）

e　もの知らぬこと、人になのたまひそ。（竹取物語）

解説

a 「**ばや**」という終助詞は動詞型活用語の未然形に付いて、話し手自身（一人称）の**願望**を表す。ただ、「ばや」を取り扱う際に注意するのは、終助詞以外にも「ばや」という形が現れることである。整理した形で示そう。

① 未然形＋ばや。
② 未然形＋ば＋や――。
③ 已然形＋ば＋や――。

①は終助詞「ばや」（願望、……シタイモノダ）。②は、「ば」が接続助詞で「や」が疑問・反語を表す係助詞であり、「モシ……ナラバ――カ」の意。③も、「ば」が接続助詞で「や」が係助詞、「……ナノデ――カ」の意である。

②と③の例を挙げておく。

心あてに折らばや折らむ初霜のおきまどはせる白菊の花（古今集　秋下）―②の例
別れては程をへだつと思へばやかつ見ながらにかねて恋しき（古今集　離別）―③の例

①と②との区別は、「ばや」の下で切れるかどうかである。なお、②の形は、鎌倉時代には見えなくなる。

b 「**なむ**」という終助詞は動詞型活用語の未然形に付いて、**誂《あつら》え**の意を表す。誂えというのは、軽い命令や注文の意であり、「私のために……してくれることを望んでいる、だから……してくれよ」の意である。梅を二人称の立場にひきよせて表現している。なお、「ばや」が一人称の動作に付いたのに対して、「なむ」は一人称以外の動作に付く（多くは二人称か、三人称のものを二人称の立場にひきよせる）。「なむ」についても終助詞以外のものがある。これも接続などで区別できるようにしておきたい。

④ 動詞型活用語の未然形＋なむ。
⑤ 動詞型活用語の連用形＋な＋む（「な」は助動詞「ぬ」の未然形、「む」は助動詞）
⑥ ④・⑤以外の「なむ」（係助詞）

⑤（助動詞連語）の例をあげておく。

立田川もみぢ乱れて流るめり渡らば錦中や絶えなむ（古今集　秋下）――⑤の例

この例で「絶え」は下二段動詞だから、未然形か連用形か迷うが、その上に、「中や」と出、「や」の結びになるため、どうしても「なむ」の「む」を連体形に見なくてはならないので、助動詞連語の「なむ」と見る。

c 「**もがな**」という終助詞も**願望**を表す。「もがな」の付く語の表す人・物・状態の実現することを願望する意であるが、その実現が困難（不可能）だと思っていることの実現を願望するのである。ただ、動詞に付かないことが普通であるから、動詞を補って解する。大体、助詞に下接していない時は「あり」という動詞を補って、「…があったらなあ」などとする。助詞に下接する時には、助詞に導かれる動詞を考えていく。

d 「**な**」という終助詞には、禁止を表す語と感動・詠嘆を表す語がある。禁止は終止形にもっぱら付くが、感動は文終止であればどんなものであっても付いていく。この例文では、「な」の上が終止形でないから、「な」は**感動**である。「な」の上で文が切れることになるのだが、なぜ「侍れ」になっているのかと見ていくと、「こそ」の結びであることがわかる。

e 「**そ**」という終助詞は副詞「な」と呼応して**禁止**を表す。そして「そ」の直上は原則として連用形である。上が連用形以外のものになるのはカ変「来《く》」とサ変「為《す》」の場合で、これは「なこそ」（来てはいけない）、「なせそ」（してはいけない）と「そ」の上が未然形になる。なお、禁止というのは否定＋命令であることも確認しておきたい。

通解

a 情趣を解するような人に見せたいものだ。

b はやく、梅よ咲いてくれ。

c 吉野山のむこうに宿があったらなあ。

d　文がございますなあ。

e　わけのわからぬことをおっしゃってはいけない。

係助詞？　終助詞？

同じ形を持つ助詞が複数に分類されることがある。有名なところでは、助詞「や」は、間投助詞、係助詞、終助詞に分類される。特に、一般に係助詞と思われる助詞には、多く終助詞として見なければならない場合がある。これについては、そこで用いられているのがどちらなのか、しっかりと分けられるようになっていないといけない。

設問六

傍線を付した助詞は係助詞か、終助詞か。

a　蓑笠《みの》やある。貸し給へ。（徒然草　一八八）

b　いとどしう心づきなく思ふことぞ限りなきや。（蜻蛉日記）

c　名にし負《お》はばいざ言《こと》問はむ都鳥《みやこどり》わが思ふ人はありやなしやと（伊勢物語　九）

d　小白河といふ所は、小一条の大将殿の御家ぞかし。（枕草子）

e　（火事デ焼ケタノハ）都のうち、三分が一におよべりとぞ。（方丈記）

f　その文は(1)、殿上人みな見てしは(2)。（枕草子）

解説

a　「や」が文中にあり、その係り所が「ある」と連体形になっているのだから、この「や」は疑問の意の係助詞である。

b・c　終助詞の「や」には疑問の意の場合と、感動詠嘆の意の場合がある。疑問の終助詞は、一般に動詞の終止形に付く（ごく稀に形容詞の終止形などに付くこともある）。それに対して、感動詠嘆の終助詞は文終止の形に付く。そこで、動詞の終止形に付いた場合は、疑問のことも感動詠嘆のこともあるが、それ以外は感動詠嘆の意と見てよいのである。**b**の「や」は、文末に置かれ、「限りなき」という連体形に付いているので、感動詠嘆の終助詞。「限りなき」という連体形になっているのは、「思ふことぞ」の結びになっているからと理解する。「や」に感動詠嘆の意の終助詞があるというのは、「あな〜の…や」などの形式の感動文を考えれば容易に納得することができよう。

それに対して、**c**の「や」は、「都鳥、わが思ふ人はありやなしやと、…言問はむ」という形で考えると、「ありや」と「なしや」は対句の形式であり、その下に引用の助詞「と」が来、「あり・なし」が終止形であるから、「や」を終助詞と見て、その下に「言問はむ」と出るところから、疑問の終助詞とする。「なしや」の「や」が形容詞の終止形に付いている例である。終助詞の「や」は係助詞とは異なり、係り所を要求することがない。結びを考えなくてよいのである。

d・e　人によっては係助詞の文末用法とも言うが、その係り所がなく、結びを考えなくてもよい「ぞ」は、終助詞と見るのが最善である。終助詞「ぞ」は体言や連体形に付き、必ず文末に置かれる。その意味は断定で、「〜ダ」ということである。**d**は、「御家ぞかし」とあるが、「かし」は文末に置かれ、念押しの意味（「〜ヨ」）の終助詞であるから、「御家ぞ」で文末にならねばならない。「ぞ」は名詞の下で、しかも文末ということから、断定の終助詞と見る。終助詞の下に来るのは終助詞だけである。

eの「ぞ」も文末に置かれているが、その前が名詞や連体形でない。「…とぞ。」というのは、その下に「言ふ」や「聞く」を設定できる。この「ぞ」は係助詞で、結びが省略されているのである。

f　「は」も「ぞ」と同様、係助詞以外に終助詞を認めなければいけない。終助詞「は」は文末に置かれ、名詞や連体形に付くのである。その意味は詠嘆である。(1)の「は」は、文末用法ではないので、係助詞である。ただし、ここでは「見てしは」に係るのであるから、「は」は「ヲ」の意味で用いられている。(2)の「は」は、文末に置かれ、過去の助動詞「き」の連体形「し」に付いているから、詠嘆の意の終助詞と見る。

通解

a　蓑笠はあるか。お貸しください。

b　一層気に入らなく思うことはこの上ないなあ。

c　「都」という名前を持っているならば、さあお前に尋ねよう。都鳥よ、私の愛する人は健やかに暮らしているかどうかと。

d　小白河という所は、小一条の大将の御家だよ。

e　(火事で焼けたのは)都の内、三分の一に及んでいると聞いている。

f　その文をば、殿上人は皆見てしまったなあ。

第五講 敬語と解釈

1 敬語概要

通常の語とは異なる特別な表現によって、対者（聞き手・読み手）や話題中の人物に対して敬う気持ちなどを表すことがあるが、この時に用いられる一定の特別な語を**敬語**という。敬語は社会的な身分の上下を主とし、他に関係の親疎などに基づいて使われるものであるから敬語の有無や使われ方によって、誰の動作なのか、誰への動作なのかというような人間関係を明確にすることができる。

敬語は、どのような立場の人を敬うかによって分類できる。

敬語の分類

1 話題中の人を敬う語

① **尊敬語**……話し手（書き手）が、話題に登場する動作・作用の主体に対して敬う時に用いる語。主体敬語ともいう。主体とは、動作をするその者のことであり、多くは主語となり、「彼が行く」のように「…ガ」という形をとるが、一方、「来る人」という場合の「人」は被修飾語であるが、「来る」という動作をするのは「人」であり、この「来る」の主体は「人」ということになる。

② **謙譲語**……話し手（書き手）が、話題中の動作・作用の客体に対して敬うときに用いる語。客体敬語ともいう。客体とは、話題に出る、主体以外の人のことで、具体的には動作の及ぶ相手のことであることが多い。「あなたにあげる」「彼女を招く」「彼と出かける」のように「…ニ・…ヲ・…ト」という助詞を下にとることが多い。謙譲語

の多くは、主体のいかんとは無関係に用いられた。

2　対者を意識して用いられる語（対者敬語）

③　**丁寧語**……話し手（書き手）が、主体・客体とは関係なく、その対者である聞き手（読み手）に対して敬意を表す。古語では「侍り・候ふ」にその用法があり、現代語では「です・ます・ございます」が丁寧語である。

④　下二段活用の補助動詞「たまふる」……会話文・手紙の中に用いられ、会話の話し手自身の動作に付く語。

⑤　荘重体敬語……話し手と聞き手の存在している場を意識して、内容とは無関係に表現そのものを重々しい感じにしたり、格式ばった感じにしたりするための語（格式語・丁重語・かしこまり語などともいう）。

普通、今までは、敬語の分類というと、⑴尊敬語、⑵謙譲語、⑶丁寧語の三分類ですませてきたが、それだけでは矛盾がおきてしまうので、対者敬語の中に、あえて二つ加えて矛盾のおきないようにした。しかし、敬語を考えていく際の基盤となるのは、①・②・③の三つであるから、まずはそれをしっかり身につけておくことが大事である。

表現そのものを考えると、誰がその行為をなすかという面が一番重要なことになる。そこで、動作主体にかかわる敬語（尊敬語）は、そこにある時も、ない時も、ともに主体を考える際のヒントとなる。それに対し、客体は存在していても強い意識を持たない場合には、その客体が敬われるはずの人であっても謙譲語を用いないことがある。ということは、逆に、謙譲語が存在している場合には敬う人が客体の立場にいるということになるのである。謙譲語は存在した時に、なぜそこにあるのかを考えていくものである。これと同じことは丁寧語についてもいえる。丁寧語が存在するということは、対者を意識しているということであるから、会話体の文章といえる。

尊敬語が主体を敬い、丁寧語が対者を敬うということについては説明にゆれはないが、謙譲語については、謙譲ということばにひかれて、動作主がその相手に対してへりくだると説明しているものもあった。動作主を低めれば、結

果的にその相手に対して相対的な敬意を表せそうだが、古典の例では

上（＝一条帝）、常よりも（ソノ母ノ女院詮子との別レヲ）いみじう惜しみ聞えさせ給ひて、

（栄華物語　鳥辺野）

とあるように、絶対の存在で低めていうことなどできない帝の動作に謙譲語を用いたり、また、ここのすぐ後にでる、

（女院詮子ガ、帝ニ）「………」と聞えさせ給へば、

（同）

という例も考えてみると、帝と詮子のどちらが客体となっても、謙譲語を用いている。

また、敬語を含めて、どんな語を使っていくかを決めるのは、話し手（書き手）であるということも考えあわせると、謙譲語は、話し手（書き手）が客体を敬うと考えねばならない。低める意識は、話し手と主体とが同一の場合（換言すれば、主体が一人称〈私〉となった時に結果的に生じたものである。

以上のことを図示すると下図のようになる。

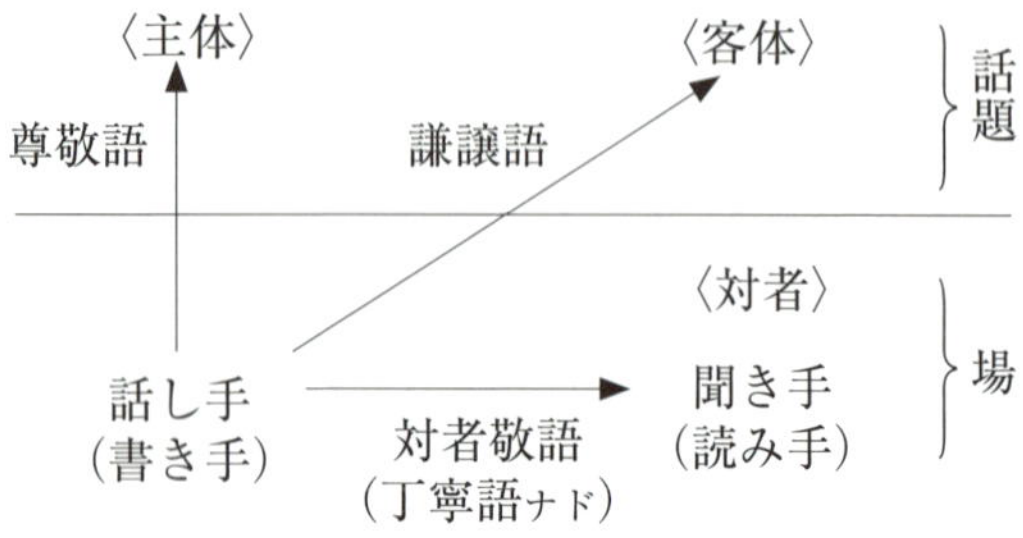

敬語表現にするには

通常語を敬語表現にするには添加形式と交替形式の二通りがある。

① 添加形式……敬意を表す語や接辞を通常語に添加する。たとえば、「書く」を尊敬体にするには「給《たま》ふ」などの補助動詞や尊敬の助動詞「る」をつけて「書き給ふ・書かる」とし、謙譲体にするには「奉る」「参らす」などの補助動詞をつけて「書き奉る・書き参らす」とし、丁寧体にするには「侍《はべ》り」「候ふ」という補助動詞をつけて「書き侍り・書き候ふ」としたりする類である。

② 交替形式……通常語を、それとは別の形をもつ敬意を含む語と交替させる。たとえば「言ふ」を尊敬体にするには「のたまふ（＝オッシャル）」としたり、謙譲体にするには「聞ゆ・申す（＝申シアゲル）」とする類である。「のたまふ」「聞ゆ」「申す」は「言ウ」という動作と敬意とをいっしょに表していることになる。こういう動詞を敬語動詞という。

現代語の敬語表現

古典の敬語を訳す場合、つまり現代語でも①添加形式と②交替形式とがあって、それを上手に使いこなすことが要求される。たとえば、「着る」「寝る」を尊敬体にするには「オ着ニナル」「オ寝ニナル」とはいわず「オ召シニナル」「オヤスミニナル」というのが普通である。交替形式は敬語動詞一覧に出すことにして、次に現代語の添加形式の代表的なものをあげておく。

(ア) 尊敬語　オ……ニナル、(オ)……ナサル、(オ)……アソバス、……テクダサル、……テイラッシャル、……レル、……ラレル

(イ) 謙譲語　オ……申シアゲル、オ……スル、……テイタダク、……テ(サシ)アゲル

(ウ) 丁寧語　……マス、……デス、……ゴザイマス

敬語動詞一覧

1　本動詞

尊敬語	通常語	現代語	注　意
賜ふ たぶ 賜はす たうぶ	与ふ・やる	オ与エニナル・クダサル	○「賜はす」は、「賜ふ」に尊敬の助動詞「す」がついて一語化したもので、活用は下二段。平安時代には「賜ふ」よりも高い敬意を表した。
のたまふ のたまはす 仰せらる	言ふ	オッシャル	○「のたまはす」は「たまはす」と同様に「のたまふ」＋「す」の一語化したもの。「のたまふ」よりも敬意が高い。 ○「仰せらる」は本来は非敬語「おほす」に尊敬の助動詞「らる」がつき、一語化した語（p.207）。
ます います まします おはす おはします いまそがり いますがり	あり・をり・行く・来《く》	イラッシャル・オイデニナル	○「ます・います・まします」は主として上代に用いられた。平安時代は「おはす・おはします」が主として用いられた。

めす	見る・呼びよす・取りよす・着る・乗る・食ふ	ゴ覧ニナル・オ呼ビニナル・オ取リヨセニナル・オ召シニナル・オ乗リニナル・召シアガル	
御覧ず	見る	ゴ覧ニナル	
(聞こす) 聞こしめす	聞く・飲む・食ふ	オ聞キニナル・メシアガル	○「聞こす」は、上代「聞く」の未然形「聞か」に尊敬「す」(四段型)がついて、音の変化をおこしたもの。「きこしめす」は「聞こす」と「めす」との複合語。
思ほす 思《おぼ》す 思《おぼ》しめす	思ふ	オ思イニナル・オ考エニナル・心ニ…ナサル	○「思ほす」「思す」は「思ふ」の未然形「思は」に尊敬「す」(四段型)がついた「思はす」が転じて、「思ほす」→「思す」となったもの。
(しらしめす) しろしめす	知る・治む	知ッテイラッシャル・オ治メニナル	
大殿籠《おほとのごも》る	寝《ぬ》	オヤスミニナル	
奉る	着る・乗る	オ召シニナル・オ乗リニナル	○「奉る」は、本来、「サシアゲル」という意味の謙譲語であるが、特別に、「着る」「乗る」の意味の尊敬語に転用された。
参る	食ふ・飲む	召シアガル	○「参る」も本来、謙譲語であるが、「奉る」と同様「食ふ」「飲む」の意の尊敬語に転用されたものである。
あそばす	す・なす	アソバス・ナサル	
つかはす	やる	オツカワシニナル	

謙譲語	通常語	現代語	注意
奉る 参らす	与ふ・やる	サシアゲル・献上スル	○「奉る」は上代から用いられたが、平安時代以後日常語ではしだいに「参らす」も多用されるようになる。
たまはる たぶ(下二段) たうぶ(下二段)	受く	イタダク・チョウダイスル・拝受スル	○「たまはる」は、後世、尊敬語としても用いられた。
申す 聞こゆ 聞こえさす 奏す 啓す	言ふ	申シアゲル	○「奏す」は天皇・上皇などに、「啓す」は皇后・皇太子などに申し上げる場合に用いられた。 ○「聞こゆ・聞こえさす」は「聞ゆ・聞えさす」とも表記する。
承る	聞く	ウケタマワル・ウカガウ	
参る まうづ	行く・来《く》	参上スル・ウカガウ・参詣スル・オイトマ申シアゲル・退出スル	
仕へまつる 仕うまつる	仕ふ	オ仕エ申シアゲル・奉仕スル	○「仕うまつる」は「仕へまつる」の音便形。
侍り 候《さぶら》ふ	あり・をり	祗候《しこう》スル・オソバニオヒカエ申シアゲル・オツカエ申シアゲル	○奈良時代の「さもらふ」が転じて、「さぶらふ」「さうらふ」となった。 ○「侍り」は、平安時代すでに丁寧語に転じて用いられた。

丁寧語	通常語	現代語	注意
侍り さぶらふ さうらふ	あり	ゴザイマス・アリマス・イマス	○平家物語の用法などによると、鎌倉時代には、「さうらふ」は男性が、「さぶらふ」は女性が主として用いたものらしい。

2 補助動詞

		現代語	注意
尊敬語	―給ふ（四段） ―たぶ ―たうぶ ―ます ―まします ―おはす ―おはします	オ…ニナル・（オ）…ナサル・オ…アソバス・―テクダサル・―テイラッシャル・―テオイデニナル	○「給ふ」が尊敬の助動詞「す」「さす」「しむ」と重なって、「せ給ふ」「させ給ふ」「しめ給ふ」のように用いられると、高い敬意を表す。それらを口語訳する場合は、「給ふ」単独の場合と同じ。 ○「おはします」が尊敬の助動詞「す」「さす」と重なって、「せおはします」「させおはします」のように用いられると、高い敬意を表す。その際の口語訳は「おはします」単独の場合と同じ。
謙譲語	―奉る ―申す ―聞こゆ ―聞こえさす ―参らす	オ…申シアゲル	○「―奉る」は早くから用いられた。「―聞こゆ」「―聞こえさす」は平安中期の日常語でさかんに用いられたが、平安末期になって「―参らす」にとってかわられた。 ○「聞こゆ・聞こえさす」は「聞ゆ・聞えさす」とも表記する。
丁寧語	―侍り ―さぶらふ ―さうらふ	―ゴザイマス・―デス・―マス	

設問一

次の傍線部に含まれる敬語は誰の誰に対する敬意を表しているか。また解釈せよ。

a 母君もとみにえ物ものたまはず。（源氏物語　桐壺）

b かぐや姫のかたち世に似ずめでたきことを帝聞こし召して、（竹取物語）

c 武蔵なる男、京なる女のもとに、「（アナタニ）聞こゆれば恥づかし。聞こえねば苦し」と書きて、（伊勢物語　一三）

d （清少納言ガ中宮ノ）御前に参りて、ありつるやう(1)啓すれば、「……」と(2)笑はせ給ふ。（枕草子）

e （紫の上ガ尼君ヲ）夜昼(1)恋ひ聞こえ給ふに、はかなきものも(2)聞こし召さず。（源氏物語　若紫）

f 中納言の君、「(1)過ぎ侍りにけむ方は、ともかくも思う給へ分きがたく侍り。……」など(2)奏し給ふ。（源氏物語　若菜上）

解説

a 「のたまふ」は「言ふ」の尊敬語である。その主体は母君であり、地の文であるから、作者の母君に対する敬意を表していると見る。その訳は、「何もおっしゃることができない・物も言うことがおできにならない」である（「え」が打消と呼応して不可能の意となることにも注意）。

b 「聞こし召す」は「聞く」の尊敬語である。その主体は帝と出ている。地の文にあるから、作者の帝に対する敬意を表していると見る。訳は「お聞きになって」である。

c 傍線部を含む箇所は、武蔵なる男が京なる女に書き送った手紙である。「聞こゆ」は「言ふ」の謙譲語であるから客体を考えることになる。ところが、客体は「あなた」と出ている。ここでの「あなた」はいうまでもなく京なる女である。そこで、武蔵なる男の京なる女に対する敬意ということになる。**二人称に対しては敬語が出やすい**という性質がある。訳は「あなたに申しあげると」である。その下に出る「聞こえねば」の「聞こえ」も同様である。

d ⑴「啓すれ」は「言ふ」の謙譲語「啓す」の已然形である。「啓す」は客体の定まっている謙譲語で、「皇后（中宮）・皇太子などに申しあげる」意である。地の文にあるから、作者（清少納言）の中宮に対する敬意ということになる。訳は「中宮様に申しあげると」である。⑵助詞「ば」を扱った時、客体のある動詞に「ば」が付くと、その客体が主体となる箇所に係るということを述べた（p.14）。「啓すれば」が「笑はせ給ふ」に係ることは自明である。すると、「笑はせ給ふ」の主体は中宮となる。「せ給ふ」は高い敬意を表す尊敬語である。ここも、作者の中宮に対する敬意ということである。その訳は「お笑いになる」で、敬うべき中宮が主体として出ると尊敬語を用いて敬い、客体として出ると謙譲語を用いて敬うという例である。また、「御前に参りて」の「参る」も中宮を敬うための謙譲語である。

e ⑴主体・客体は示されている。「恋ふ」という動詞の下に、謙譲語の補助動詞「聞こゆ」が付き、さらにその下に尊敬語の補助動詞「給ふ」が付いているが、これは主体も客体もともに敬っているのである。古文では一つの動作に二人以上がかかわっていて、その人々をそれぞれ敬う場合に、このように敬語を重ねて用いる（二方面を敬う表現ともいう）。その順は、謙譲語―尊敬語―丁寧語の順になる。現代語では謙譲語―尊敬語の重ねを用いることはほとんどない。それは、現代語の謙譲語の多くは、一人称を主体とした時に用いるからである。しかし、古文にはこの形は普通に出てくる。そこで、解釈はともに出して「オ……申シアゲナサル」とする。ここでは、客体の尼君を「聞こゆ」で敬い、主体の紫の上を「給ふ」で敬っている。地の文に出るのだから、作者の用いている敬語である。「聞こゆ」については、**c**に出たのは本動詞だが、**e**に出たのは補助動詞である。(2)作者は紫の上にも尼君にも敬語を用いて敬っている。「聞こし召す」は尊敬語であり、主体を敬うわけだが、ここに主体は書かれていない。理論上はどちらが主体になってもよいわけだが、「恋ひ聞こえ給ふに」という条件の下で内容を考え、主体を紫の上と決定する。また「聞こし召す」を「食ふ」の尊敬語と見る。作者の紫の上に対する敬意ということになる。

f (2)から先に考える。「奏す」は帝に申しあげるという意の謙譲語。帝を敬っている。「給ふ」は主体の中納言の君を敬う尊敬語。地の文にあるから、ともに作者の用いた敬語である。訳は「帝に申しあげなさる」である。(1)は、中納言の君が帝に対して言っている会話文中に出る。「侍り」は丁寧語であるから、話し手の中納言の君が聞き手の帝に対しての敬意とする。その訳は、「過ぎさってしまいましたような方面のこと」である。なお、下に出る「思う給へ分きがたく侍り」の「給へ」は下二段活用の補助動詞である（⬇p.181）。

通解

a 母君もすぐには物もおっしゃれない。

b かぐや姫の容貌はこの世にないほどすばらしいことを帝がお聞きになって、

c 武蔵にいる男が、京にいる女の許に、(1)「あなたに申しあげるとはずかしい、(2)申しあげないと苦しい」と書いて、

d 御前に参上して、(1)最前のことを中宮に申しあげると、中宮は「…」と言って(2)お笑いになる。

e 紫の上が尼君を(1)夜昼恋しくお思い申しあげなさるので、ちょっとした物も(2)召しあがらない。

f (2)中納言の君が、(1)「過ぎ去ってしまいましたような方面のことは、ああにもこうにも判断しがとう存じます。……」などと、帝に申しあげなさる。

2 話題中に出る敬語（尊敬語・謙譲語）

まずは、話題の中に出る敬語（尊敬語・謙譲語）を意識して、人物関係を明確にしつつ正しい敬語の解釈を考えてゆこう。

設問二

次の文を読んで、後の問に答えよ。

帝おはしまさずなりて後、(1)式部卿の宮なむすみ奉り給ひけるを、いかがありけむ、(2)おはしまさざりける頃、斎宮の御もとより、御文奉り給ひけるに、御息所《みやすんどころ》、「宮のおはしまさぬこと」など(3)聞え給ひて、奥に、白山の降りにしゆきのあと絶えていまはこし路の人も通はずとなむありける。

（大和物語　九五）

（注）帝――醍醐天皇。延長八（九三〇）年崩御。
式部卿の宮――宇多天皇の皇子。敦実親王。醍醐天皇の弟。
斎宮《さいぐう》――ここでは宇多天皇の娘。柔子内親王。
御息所――ここでは右大臣定方の娘、能子。
白山――越（加賀）の国にある山。

（問）(1) 人物関係を示して解釈せよ。
(2) 主体は誰か。
(3) 人物関係を示して解釈せよ。

解説

(1) 「すみ奉り給ふ」の「すむ」は、男の人が女の人の所へ通うこと。ここに謙譲語の補助動詞「奉る」と尊敬語の補助動詞「給ふ」が出ることに注意する。主体は式部卿の宮であることは明示されているが、客体は書かれていない。そのような時は、とりあえず「式部卿の宮が□の所にお通い申しあげなさっていたが」と読んでおき、客体がわかったところで入れていく。

(2)・(3)「おはします」は「行く・来・あり」の尊敬語である。ここも主体が明示されていない。ということは意味の上でもすぐには決められない。その下に、斎宮がお手紙をさしあげなさった時に、御息所が返事に「宮のおいでにならないこと」と申しあげなさったと出るので、(2)の主体は式部卿の宮であることがわかり、さらに「おはします」の意味も「通っておいでになる」ということだとわかる。説明が逆になったが、(3)の「聞え給ひて」の「聞ゆ」は謙譲語でその客体は斎宮、主体は御息所である。その主体には「給ふ」という尊敬語で敬っている。

(斎宮ガ御息所ニ) 御文奉り給ひけるに

(御息所ガ斎宮ニ) 聞え給ひて

この二か所を見ても、主体・客体が入れかわっても謙譲語・尊敬語がともに用いられている。つまり、謙譲語があった場合に客体の方が主体より身分が高いというようなことは否定されることになる。

ここまででも大体見当はつくが、さらに、次の歌を読んで(1)の客体を御息所と決定できる。

通解

帝が崩御なさって後、(1)式部卿の宮が御息所にお通い申しあげなさったが、どうしたことであろうか、お通いにならなくなった頃、斎宮の御もとから、御息所にお手紙をさしあげなさったところ、御息所が「式部卿の宮様がおいでにならないこと」など(3)と申しあげなさって、その最後に、

越の白山に降りつもった雪のために、越路を通う人もなくなるように、昔通ってきてくれた人も今は来てくれません。

とお書きになっていた。

設問三

次の文章を読んで、後の問に答えよ。

今内裏の東をば、北の陣といふ。梨の木のはるかに高きを、「いくひろかあらむ」などいふ。権の中将、「もとよりうち切りて、定澄《ぢやうちやう》僧都の枝扇《えだあふぎ》にせばや」と宣ひしを、(1)山階寺《やましなでら》の別当になりて、よろこび申す日、近衛司にてこの君の出で給へるに、高き屐子《けいし》をさへはきたれば、ゆゆしう高し。(2)出でぬる後に、「などその枝扇をば持たせ給はぬ」と言へば、「物忘れせぬ」と笑ひ給ふ。

（枕草子）

（注）今内裏――一条大宮院。長保元（九九八）年六月一四日内裏焼亡、一六日ここに行幸になる。翌年十月十一日まで、仮皇居とされた。

権中将――源成信。村上天皇の皇子致平親王の子。後の道長の養子となる。

山階寺――奈良の興福寺。　近衛司――「よろこび申し」の日には近衛府の役人が先導するという。

（問）(1)　誰がと補って解釈せよ。　(2)　誰がどうしたか。

解説

この文章の中で作者清少納言が敬っているのは権の中将である。そのことを頭においてこれを読みたい。新内裏の北の陣の先に高い梨の木があり、作者を含む多くの女房が「どれくらい高いのでしょう」と言っている。権の中将がかつて「根元から切って定澄僧都の枝扇にしたいものだ」とおっしゃっていた（「宣ふ」という尊敬語と過去の助動詞に注意。）ということは、定澄僧都は背の高い人であったということである。

(1)「山階寺の別当になりて、よろこび申す」の主体を権の中将と誤る人の出るところ。もしそうなら、ここに尊敬語が出なければいけない。主体は定澄僧都である。「よろこび」は「御祝」と「御礼」の意があるが、主体が定澄僧都である以上、ここは後者の「御礼」である。

(2)「出でぬる」の主体は明示されていない。しかし、ここに尊敬語のないことに着眼しておく。その後を次のように考える。

「などその枝扇をば持たせ給はぬ」と（x ガ y ニ）言へば、「物忘れせぬ」と（y ガ）笑ひ給ふ。

「言へば」の客体と「笑ひ給ふ」の主体は同一と見てよい（助詞「ば」の性質から ⇒p.14）。「笑ひ給ふ」の主体 y は、尊敬語の存在からして権の中将となる。すると、「言へば」の客体も権の中将である。すると x は、かつて権の中将がおっしゃったことを聞いていた人で、しかも敬語をつけなくてもよい人ということになるから、作者としておいてよかろう。x に対して、権の中将が「物忘れをしない人だ」といっているところからも、x は作者と見るのがよいわけである。作者と権の中将は同じところにいなければならないとすると、「出でぬる」人は作者ではないことになる。あと無敬語の人は定澄僧都しかいない。定澄僧都が「出でぬる」となれば、その意味は「退出する」となる。

通解

新内裏の東をば、北の陣という。梨の木で、遠くにあり、高い木を、私たちは「どれくらいの高さがあるのだろうか」などと言う。権の中将が「根もとから切って、定澄僧都の枝扇にしたいものだ」とおっしゃったことがあったが、(1)その定澄僧都が山階寺の別当になって、御礼を言上する日、近衛司としてこの権の中将が出席なさっている時に、僧都はもともと背が高い上に、高い足駄《あしだ》までもはいているので、恐ろしく背が高い。(2)定澄僧都が退席してしまった後に、私が「どうしてあの枝扇をば定澄にお持たせにならないのですか」と言うと、権の中将は「あなたって、物忘れをしない人だなあ」と言ってお笑いになる。

設問四

次は、大宅世継《おおやけのよつぎ》という老人が語ったものを、作者が書きとめた『大鏡』の一節である。後の略系図を参照し、読んで、後の問に答えよ。

この大納言殿、無心の言、一度ぞ宣へるや。(1)御妹の四条の宮の后に立たせ給ひて、はじめて内へ入り給ふに、西の洞院のぼりにおはしませば、東三条の前をわたらせ給ふに、大入道殿も故女院も、胸痛く思し召しけるに、按察の大納言殿は后の御兄人《せうと》にて、御心地よく思されけるままに、(2)御馬をひかへて、「この女御はいつか后に立ち給ふらむ」と、うち見入れて宣へりけるを、(3)殿をはじめ奉りて、その御族《ぞう》やすからず思《おぼ》しけれど、男宮おはしませば、たけくぞ。よその人々も、「やくなくも宣ふかな」と聞き給ふ。

（大鏡　頼忠）

（注）この大納言――公任のこと。　西の洞院のぼり――西の洞院通りを北に向かうこと。　東三条――兼家の邸。

〈略系図〉

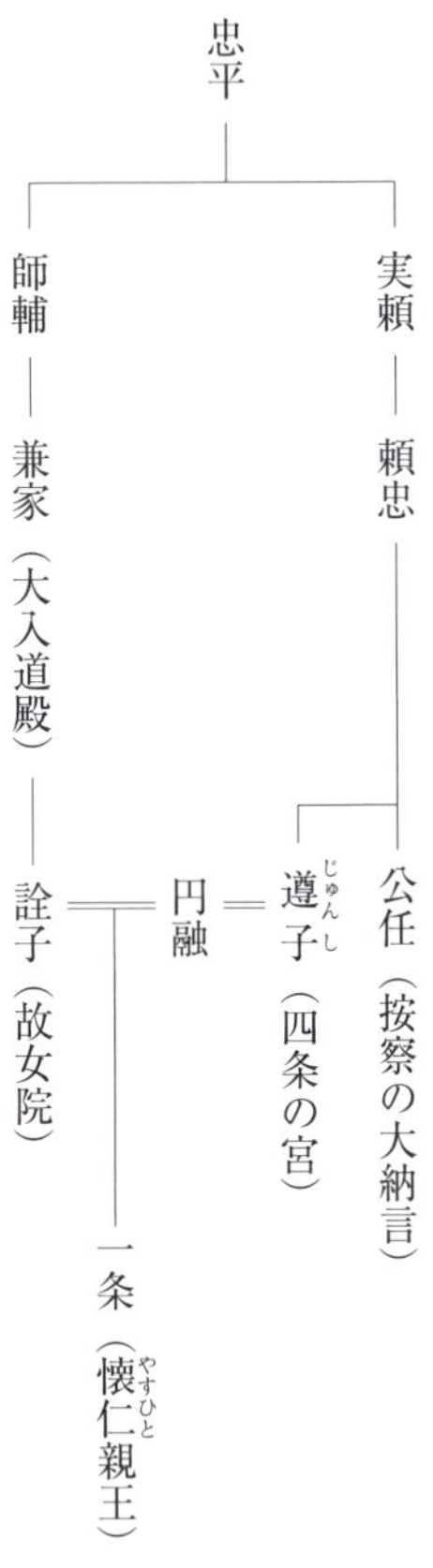

（問）(1) この「御」は誰を敬っているか。

(2) 誰がどうしたことか。

(3) 現代語に訳せ。

解説

(1) 最初に「この大納言殿、無心の言、一度ぞ宣へるや」とあって、大納言公任に対して、「宣ふ」という尊敬語を用いていることを確認しておく。つまり、語り手世継は公任を敬語対象者としているということである。「宣へるや」は、尊敬語「宣へ」に助動詞「り」の連体形「る」が付き、その下に感動詠嘆の終助詞「や」が付いたもの。

そのすぐ下に「御妹の四条の宮」と出ている。**「御」という接頭辞**は原則として名詞の上にあって、その名詞の所有者や関係者を敬うのである。「御」の下の名詞を敬うのではない。たとえば、「左大臣の御北の方」とあると、「御」は左大臣を敬っているのであり、「北の方」を敬うのではない。北の方を敬うのであれば、その下に、北の方がそこで主体の立場であるならば尊敬語を、客体の立場であるならば謙譲語を出せばよいのである。

遵子は公任の妹であるから、「御妹」の「御」は公任に対する敬語と理解する。「御」で敬う人が文章中に出る場合、その人が主体として出ると尊敬語が出るだろうという具合に予測が可能になる。ただ、「御」は必ず用いなければならないというものではないということも知っておく必要がある。「御」は、用いられた場合にヒントになっているのである。

(2) 「馬をひかふ」とは、手綱を引いて馬をその場にとめることをいう。意味のまとまりを考慮しつつ読んでゆくと、ここは公任を主体として述べられているところであり、「御馬をひかへて」は最終的には尊敬語を含む「宣へりけるを」に係っていることから、敬語の上でも矛盾がなく、「公任が馬をとめたこと」とまとめられる。

(3) 「はじむ」という動詞は「始める、開始する」という意味の場合と「はじめとする」という意味の場合がある。「はじめとする」というのは、或る複数の代表にするということである。「その御族(=御一族)」の代表者として「殿(=兼家)」を取り上げた表現である。その際に「殿を」としていて、「殿」を客体の立場に置いている。その殿を敬うのであるから「はじめ奉りて」と謙譲語を付しているのである。さらに敬われる「殿」を含む「御族」が主体になるのだから、「思しけれど」と尊敬語が出ているのである。なお、「やすからず」は「心が穏やかでない、おもしろくない、癪にさわる」という気持ちを表す。

通解

この大納言殿（公任）は、思慮のない失言を一度だけ口になさっているなあ。公任の御妹の四条の宮（遵子）が円融帝の后におなりになって、はじめて内裏にお入りになる時に、西の洞院通りを北に向かっていらっしゃるので、東三条殿（兼家）のお邸の前をお通りになる、その時に大入道殿（兼家）も故女院（詮子）も、遵子に先を越されたことを苦しくつらいとお思いになっていたが、按察の大納言殿（公任）は后の御兄であって、御気分よく思わずにはいらっしゃれなかったので、御馬をとめて、「この東三条殿の女御は、いつ后におなりになるのだろうか（少なくとも今はそうでいらっしゃらない）」と、中を覗き込んでおっしゃったことを、(3)兼家公をはじめとし申しあげて、その御一族は誰も皆おもしろくなくお思いになったけれど、女御詮子には円融帝との間に男宮（懐仁親王）がいらっしゃったので、気強くいらっしゃった。他家の人々も、公任の失言を、「つまらなくもおっしゃることだなあ」と聞いてお思いになる。

3 場の敬語 ～対者敬語のまとめ～

ここでは**対者敬語**をまとめておくことにする。前述したように、対者敬語とは話し手（書き手）が聞き手に敬意を表したり、場を意識して用いたりする敬語で、次の三つをあげることができる。

① 丁寧語（侍り・候ふ）
② 下二段活用補助動詞「たまふ（る）」
③ 荘重体敬語（つかうまつる・参る・まかる・申す・つかはす ナド）

しばらく前から、現行の三分類では十全ではないので、敬語を五分類にしようという意見が出ている（平成一八年文化審議会国語分科会　敬語の指針）。これは主として、筆者の言う荘重体敬語を意識しての発言と思われる。ただし、その名称を謙譲語Ⅱ（丁重語）としている。

分類をするということは、その本質的異同を考えての作業でなくてはならない。何でもむやみやたらに多くに分類してよいわけではないのである。逆にそのようなものが一つしかなくとも、他と区別しなければならない特別な性質を持っているならば、それを一つの項目として立てておかねばなるまい。敬語を分類する際、まずは、話題中の人物に関する敬語と、場（対者を意識する）の敬語との二つに分け、その中をさらに分類すべきだと筆者は考える。そこで、筆者の言う荘重体敬語は、場を意識したものであり、それと本質的に異なる話題中の客体を敬う謙譲語と紛らわしい謙譲語Ⅱという名前は本書ではあえて用いない。

五分類した中に「美化語」と呼ばれるものもあるが、これも対者に対して表現に美しさを加えようという趣旨の表現であり、「米・水」を「お米・お水」という類である。対者敬語に含まれてよいものである。

以下、順に①②③を説明していこう。

丁寧語

謙譲語（客体を敬う敬語）であった「侍り・候《さぶら》ふ」が対者敬語として用いられた。平安時代以降、「侍り」はそのほとんどが丁寧語として用いられているが、「候ふ」は謙譲語の場合と丁寧語の場合があるので注意しておく必要がある。

候ふ
- ① 謙譲語――（人ガ貴人ニ）お仕え申し上げる。伺候する。
- ② 丁寧語
  - (イ) 本動詞「あり」の丁寧語――あります・ございます・います・……
  - (ロ) 補助動詞

平安時代中期までは、丁寧語といったら「侍り」が本流で、「さぶらふ」はいくらか見える程度であり、その勢力は微々たるものであったが、院政期頃から「さぶらふ」の使用が多くなっていく。中世に入ると、「侍り」は衰退し（口語としては没落）、「候ふ」の専用時代となる。このころ、男性は「さうらふ」を、女性は「さぶらふ」を用いたようである。丁寧語の解釈についても述べておく。

(ア) V（用）・侍り（補助動詞）…マス

例 咲き侍り（咲キマス）　見侍らず（見マセン）

(イ) (ア)以外（本動詞・補助動詞とも）「あり」の丁寧語と考える。

例 人侍り（人ガイマス…本動詞）　歌侍り（歌ガゴザイマス…本動詞）
清らに侍り（美シウゴザイマス…補助動詞）　咲きて侍り（咲イテイマス…補助動詞）

ただし、これは一応の原則であるから、語順によってはこの通りにならぬこともある。しかし、文中に丁寧語が存在している時には、どこかに丁寧語の解釈を入れておくようにする。

設問五

次の傍線部を解釈せよ。また**d**～**g**の「候ふ」については謙譲語か丁寧語かも明示せよ。

a 返事も侍らざりければ、また重ねてつかはしける。（後撰集　詞書）

b 小坂殿の棟に、いつぞや、縄を引かれたりしかば、かの例思ひ出でられ侍りしに、（徒然草　一〇）

（注）「思ひ出でられ」の「られ」は自発として考えよ。

c （若宮ハ参内ヲ）思しいそぐめれば、ことわりに悲しう見奉り侍る、（源氏物語　桐壺）

d 斎院《さいゐん》より御文の候はむには、いかでかいそぎあげ侍らざらむ。（枕草子）

e 女御更衣あまた候ひ給ひける中に、（源氏物語　桐壺）

f からい目を見候ひて。誰にかはうれへ申し侍らむ。（枕草子）

g 雪のいと高う降りたるを、例ならず御格子《みがうし》参りて、炭櫃《すびつ》に火おこして、物語などして集り候ふに、「少納言よ、香炉峰の雪いかならむ」と仰せらるれば、御格子あげさせて、御簾を高くあげたれば、笑はせ給ふ。（枕草子）

解説

a 「返事も」の「も」は係助詞であるから、とりあえず取り除いてみると、「返事侍らざりければ」となり、この「侍り」は本動詞「あり」の丁寧語と見なせる。解釈は「返事もございませんでしたので・返事もありませんでしたので」となる。「つかはしける」の「つかはす」は荘重体敬語（➡p.185）。

b 「思ひ出でられ」の「られ」を自発と考えよということであるから、「思ひ出でられ」を自発動詞と見ることになる。すると、動詞に直接「侍り」が付いている形式となる（「侍り」は補助動詞）。解釈は「あの例が自然と思い出されましたところ」である。

c 「奉る」という動詞に「侍り」が下接している（補助動詞）。その「奉る」も動詞「見る」に付く補助動詞である。解釈は「お見申しあげます」となる。なお、この「奉る」は客体の「若宮」を敬う語である。

d 「候はむには」の主語は「御文の」である。主体が人または人に準ずるものでない「候ふ」は丁寧語となる。ここは本動詞「あり」の丁寧語と見る。解釈は「お手紙がございますような時には」である。

e 「候ふ」の下に尊敬語「給ふ」が来ている以上、敬語を重ねる際の順から考えて、この「候ふ」は謙譲語（本動詞）と見なければならない。女御更衣がお仕え申しあげる以上、その客体は帝と見ることになる。解釈は「お仕え申しあげなさっていた」となる。

f 動詞「見る」の下に付くから補助動詞の「候ふ」と見る。「候ふ」が補助動詞となるのは丁寧語だけである。下の文には「うれへ申し侍らむ」と出ることも参考になる。解釈は「つらい目を見まして」である。

g 動詞「集り」の下に付くから補助動詞と見たいところだが、ここが会話文でないことや、「仰せらる」「笑はせ給ふ」という尊敬語のある点を考えて、この場に貴人が存在していると見なければならないことから、「集り」を単なる中止法と見、「候ふ」を謙譲語（本動詞）と考える。傍線部の解釈は「集り、伺候している時に」である。「御格子参る」は4に詳述する（➡p.198）。

通解

a 返事もありませんでしたので、再び重ねてやりなど致しました歌、

b 小坂殿の棟に、いつであったかなあ、縄をお引きになっていましたので、あの例が自然と思い出さずにはいられませんでした時に、

c 参内をお考えになり、いそいでいるように思われますので、それを当然で悲しいと、若宮をお見申しあげますのは、

d 斎院から御文がありますような時には、どうしていそいであげないでしょうか、すぐにもさしあげます。

e 女御や更衣が多く帝にお仕え申しあげなさっていた中に、

f つらい目を見まして。誰に訴え申しあげましょうか、誰にも訴え申しあげられませんでした。

g 「雪がとても高く降り積もったので、いつになく格子をおろして、炭櫃に火をおこして、世間話などをして集って、中宮様のお側にお控え申しあげている時に、『少納言よ、香炉峰の雪はどうでしょう』と中宮様がおっしゃるので、格子をあげさせて、御簾を高くあげたところ、中宮様はにっこりなさる。」

補助動詞「たまふる」下二段活用

補助動詞として用いられる「たまふ」には二種あり、一つは尊敬語であり、もう一つは対者敬語であり、活用の種類が違う。これは特に気をつけなければならない。

	語幹	未然形	連用形	終止形	連体形	已然形	命令形	
尊敬語	たま	は	ひ	ふ	ふ	へ	へ	四段活用
対者敬語	たま	へ	へ	○	ふる	ふれ	○	下二段活用

本来、四段活用と下二段活用とは終止形は同じであるが、下二段「たまふ」には終止形の確例がない（そこで下二段活用の語の方を連体形を代表形として便宜的に「たまふる」と呼ぶ）から、少し文法の心得があれば誤ることはない。あえていうなら、「たまへ」という時にしっかり識別できればよいことになる。それは下接語などによって知ればよく、例えば「たまへず」「たまへけり」の「たまへ」は未然形・連用形であるから下二段活用、つまり対者敬語、「たまへども」「たまへる時」の「たまへ」は已然形であるから四段活用、つまり尊敬語であるといった具合である。

「たまふる」について、その大体を述べよう。

(イ) 会話文（会話に準ずるものも含む、手紙文など）の中だけに用いられる（四段「たまふ」は地の文でも会話文にも）。また、敬うべき客体が存在しなくても、この語が用いられることもある。↓ここから客体敬語（謙譲語）ではなく、対者敬語と決められる。

(ロ) 上にくる動詞が「思ふ、見る（聞く、知る）」などの知覚動詞に限られる。その中で「思ふ・見る」に付くことが多い（四段「たまふ」はどんな動詞にも付きうる）。

(ハ) その「思ふ、見る、聞く、知る」が話者自身（一人称）の動作である（四段「たまふ」の上にくる動詞は、尊敬の対象になる人の動作を表す、したがって、対称か他称が普通）。

(ニ) 「思ふ、見る、聞く、知る」の複合語、たとえば、「思ひ悩む、見忘る、聞きわたる、知りつくす」などに「たまふる」が付く場合は、「思ひたまへ悩む」「見たまへ忘る」「聞きたまへわたる」「知りたまへつくす」となる。

この「たまふる」を文法書では謙譲語（現代語の謙譲語の大部分は一人称主体である点から考えたのであろう）としているものや、丁寧語としているものがある。しかしながら、(イ)・(ロ)・(ハ)などの性質からいってどちらとも言えない。というのは、謙譲語の意味するところの客体尊敬には決してならない語であるが、だからといって「侍り」「候ふ」のようにどんな語にでもつく丁寧語とも違う。厳密にいうと、対者に対して、自分の行為を謙遜して述べる語といえる。対者敬語である以上、丁寧語に近い語として取り扱うのが現行では順当であろう。「思ひたまふる」「見たまふる」を訳して、「思イマス」「見マス」としてかまわないのである。「オ思イ申シアゲル」「オ見申シアゲル」とするのは、「申しあげる」が客体を敬う表現である以上、避けねばならない。

むしろ、「たまふる」の性格をじゅうぶん理解することによって、「たまふる」があればそこは会話文であることや、主体が一人称であることがわかり、ヒントを与えられたことと同じことになるのだから、語そのものを明確に把握しておくとよい。

設問六

次の**a**〜**e**を解釈せよ。

a かの大納言の御娘ものし給ふと聞き給へしは。（源氏物語　若紫）

b 自らさるやうありて聞こゆるならむと思ひなし給へかし。（同）

c 宮の御有様よりもまさり給へるかな。（同）

d 常に思ひ給へ立ちながら、かひなき様にのみもてなさせ給ふに、つつまれ侍りてなむ。（同）

e たちぬる月の二十日の程になむ、つひにむなしく見給へなして、世間の道理なれど、悲しび思ひ給ふる。（同）

解説

a 「ものし給ふ」の「給ふ」は四段活用の終止形である。自動詞「ものす」は、「あり・行く・来」の代動詞である。文が短く、前後の事情もわからないので、当初は確定訳はできないところだが、「ものし給ふ」を「いらっしゃる」としておけばよかろう（実際には「あり」の代動詞となっている）。「聞き給へしは」の「給へ」は下二段活用の連用形である。それは下に過去助動詞「き」の連体形「し」を付けていることからわかる。すると「聞き給へしは」は、「私は聞きましたよ」という意と決められる。

b 「思ひなし給へかし」の「給へ」は四段活用の命令形である。「かし」は念押しの意の終助詞で、文終止の形に付く語である。「思ひなし給へかし」は、「御理解なさって下さいよ」の意。命令形が用いてある以上、主体は二人称ということになる。「聞こゆるならむ」の「聞こゆる」は、「申しあげる」という意味の謙譲語「聞こゆ」の連体形である。

c 「まさり給へるかな」の「給へ」は四段活用の已然形（命令形ともいう）である。「る」は存続助動詞「り」の連体形で、四段活用動詞かサ変動詞にしか付かない語である。「かな」は感動の意の終助詞である。

d 「思ひ給へ立ちながら」の「給へ」は下二段活用の連用形である。これは「思ひ立つ」の間に「給へ」が入った形で、「私は決心していますけれど」の意。「もてなさせ給ふに」の「給ふ」は四段活用の連体形である。下に助詞「に」をとっているところからわかる。ここも前後の事情が不明であるから、誰が「かひなき様にのみもてなさせ給ふ」のかがわからないが、尊敬語が付いている以上、一人称の動作でないことはわかる。「つつまれ侍りてなむ」は、「つつむ（＝遠慮サレル・憚《ハバカ》ル）に、自発助動詞「る」の連用形「れ」が付き、丁寧語の補助動詞「侍り」が付いているのである。文末の「なむ」は係助詞で結びが省略されている。

e 「見給へなして」の「給へ」は下二段活用の連用形である。「見なす」の間に「給へ」の入った形。「思ひ給ふる」の「給ふる」も下二段活用の連体形（「なむ」の結びである）。ともに一人称主体の表現である。

通解

a あの大納言の御娘がいらっしゃると私は聞きましたよ。

b 自然とそうした理由があって申しあげるのだろうと御理解下さいませよ。

c 宮の御様子よりもまさっていらっしゃることよなあ。

d いつも思い立ってはいますけれども、頼み甲斐もない様にばかりなさるので、自然と憚られましてね。

e 先月の二十日の頃に、とうとうあの世へ見送りまして、世間の道理ではありますが、私は悲しんでいます。

荘重体敬語

話し手が場を意識して、表現を重々しくして言うことがある。「重々しくして言う」というのは、格式ばって言ったり、あらたまりかしこまって言ったり、荘重さを加えた言い方にしたりしているということである。現代語で考えてみよう。たとえば、「いたします」を例にとってみる。「する」に丁寧語「ます」を加えた「します」とどう違うだろうか。「努力します」と「努力いたします」を比べた時、内容的には同じでも、「いたします」の方が格式ばった感じがする。そういった表現を他にもあげてみる。

する――します――いたします
言う――言います――申します（父が私によく申しますが、…ナド）
行く――行きます――参ります（行って参ります…ナド）

この「いたす・申す・参る」の類を「荘重体敬語」とか「格式語・丁重語」とか呼んでいる。

古文では「つかうまつる」「申す」「まかる・参る」「つかはす」などにその用法がある。もともと、これらの語は謙譲語（客体敬語）、尊敬語（主体敬語）であったが、敬うべき客体や主体の存在しない時に荘重体敬語として用いられていると見るのである。「侍り・候ふ」という話題中の人物に対する敬語（謙譲語）が、場の敬語（丁寧語）に変わったのと同じ道を辿ったと考えてよさそうである。実例をあげてみる。

(1) 高き山、深き谷を、おりのぼりまかりありきて、朝にまかりいでて、暗うまかり帰るほどだに、うしろめたう悲しく侍れば、（宇津保物語　俊蔭）

(2) 「求めて参れ」と仰せられければ、（大鏡　藤氏物語）

(3)（私ニ）人々申す。（枕草子）

(1)では、客体そのものがないのに「まかる」を用いている。この「**まかり**—V—」は荘重体としてよく見かける。(2)・(3)では、客体は存在しているが、ともに「私」である。「私」では敬うべき客体とはならない。そこで荘重体と見る。格式ばった感じは、一面では、偉そうで尊大な感じになることもある。この「荘重体敬語」は、高位の者に対する会話や、高位の者が存在している席での会話、何らかの意識のもとで、会話そのものを格式ばらせたい時の会話、勅撰和歌集の詞書などに出る。本々は男性語であった。

本来が謙譲語であった語から転用したものばかりを例としてあげたが、尊敬語「つかはす・召す」も荘重体敬語となることもある。会話文中や勅撰和歌集の詞書の中に出て、その主体を敬うべき主体と見なせない場合にこのように見る。設問五**a**の「つかはす」がそうである。私が相手に歌を「つかはしける」なのである。解釈は「やりなどいたしました」とか「やりました」としておくとよい。

例題一

次は大宅世継《おおやけのよつぎ》という老人が、自分の長命のことを人々に語っている箇所である。傍線部の敬語を考えよ。

ただ高麗《こま》人のもとに二人つれて(1)まかりたりしかば、「二人長命」と(2)申ししかど、いとかばかりまで(3)候ふべしとは思ひかけ(4)候ふべきことかは。異事問はむと思ひ(5)給へしほどに、昭宣公の君

通解

ただ高麗人のところに私ども二人（世継・夏山繁樹《なつやまのしげき》）が連れ立って(1)参っていましたところ、高麗人は私どもに「二人とも長命である」と(2)申しましたけれど、なんともこれほどまで(3)元気でいられましょうとは思ってもみないことで(4)ござい

達三人おはしまして、え申さ(6)ずなりにき。（大鏡　昔物語）

ます。寿命以外のことを問おうと存じま(5)した時に、昭宣公の君達お三方がおいでになりまして、私は高麗人に申さ(6)ずじまいになってしまいました。

解説

（1）「高麗人のもとに二人つれてまかりたりしかば」は、「つれて」が「連れ立って」の意であり、「高麗人の所に二人が連れ立って『まかり』ましたところ」の意である。「まかる」は謙譲語にも荘重体にもなる語であるが、ここはどちらであろう。確かに、高麗人が客体の立場で存在しているから、ここだけならどちらでも可能な感じである。しかし、助詞「ば」の性質を考え、「まかりたりしかば」が「申ししかど」に係り、その「申ししかど」の主体が高麗人であり、そこに尊敬語がない以上、語り手の世継は高麗人に対して敬語を用いていないことがわかる。すると、「高麗人のもとに…まかりたりしかば」の「まかり」も高麗人を敬うとはいえなくなる。そうした時に、この「まかる」を荘重体と見て、語り手世継が聴衆に対して、「行く」を格式ばって言っていると考える。

（2）高麗人が私どもに「申ししかど」である。「申す」も謙譲語にも荘重体にもなる語である。ここは客体は存在しても「私」が客体になる以上、自分を敬うことはないから、荘重体と見る。

（3）内容からして、「私が元気でいる」「私の命がある」と見なければならず、貴人を客体におくことはできない。「あり」の丁寧語（本動詞）である。

（4）「思ひかく」の下に付く補助動詞である。いうまでもなく丁寧語である。

（5）下に過去助動詞「き」の連体形「し」を付ける以上、この「給へ」は連用形となる。つまり下二段活用である。そこで、「思ひ給へし」は「私は思いました」の意。

(6) 私が高麗人に「え申さずなりにき」と読まないと内容的にあわない。そうすると、「申す」は荘重体となる。ただ、直上に「昭宣公の君達三人おはしまして」とあるので、誤りやすい。ここの「おはしまして」の「て」は、結果として前後で主体が変わっている（➡p.139）。

設問七

次は、『後拾遺集』の撰者の藤原通俊卿が秦兼久に対して「いかなる歌か詠みたる」とおっしゃったことに対しての兼久の返答である。読んで、後の問に答えよ。

「はかばかしき候はず。⑴後三条院かくれさせ給ひて後、円宗寺に参りて候ひしに、⑵花のにほひは昔にも変らず侍りしかば、つかうまつりて候ひしなり」とて、

「去年《こぞ》見しに色も変らず咲きにけり花こそものは思はざりけれ

とこそつかうまつりて候ひしか」⑶と言ひけり。

（宇治拾遺物語　一〇）

（問）⑴　この「候ふ」の敬語の種類は何か。

⑵　この「参る」の敬語の種類は何か。また傍線部を解釈せよ。

⑶　傍線部を解釈せよ。

解説

(1)「いかなる歌か詠みたる（＝ドンナ歌ヲ詠ンダカ）」に対して、「はかばかしき候はず」と答えたのだから、「はかばかしき」は「はかばかしき歌（＝コレトイッタタイシタ歌）」ということになる。すると、「候はず」の主語にあたる語は歌ということになるから、「候ふ」は「あり」の丁寧語ということになる。「たいしたこともない歌」とは自分の歌を謙遜して言っているのである。

(2)「円宗寺に参りて」であるから、この「参る」は本来の用法である謙譲語と見、「参詣する」の意である。また、「候ふ」は補助動詞であり、丁寧語である。

(3)「歌ヲつかうまつる」というのだから、この「つかうまつる」はサ変動詞「す」の荘重体敬語「いたす」と見る。「詠みなどいたす」の意である。なお、「つかうまつる」が謙譲語として用いられると「お仕え申しあげる」の意である。文末の「しか」は、「こそ」の結びのため、過去助動詞「き」が已然形となっているのである。

通解

「これといったたいした歌もございません。後三条院が崩御なさった後、円宗寺に参詣していました折に、(2)花の美しさは昔と少しも変わりませんでしたので、次のように詠みなどいたしたのです」と言って、

「『去年見たのと色も変わらず花は美しく咲いていることだなあ。花というものは、私と違って何の物思いもないものなのだなあ。』

と、読みなどいたしました(3)」と言った。

設問八

眼前で夕顔に死なれ動揺した源氏の君が自邸に帰って来た所に、親友の頭の中将が勅使として訪れる。死の穢《けが》れを恐れる源氏の君は、頭の中将に作り話をする。次は、その会話である。読んで後の問に答えよ。

「立ちながらこなたに入り給へ」と宣ひて、御簾の内ながら宣ふ、「乳母にて侍る者の、この五月の頃ほひより重くわづらひ侍りしが、頭《かしら》剃り、忌むことうけなどして、その験《しるし》にや、よみがへりたりしを、この頃またおこりて弱くなむなりにたる。『今一度《ひとたび》とぶらひ見よ』と(1)申したりしかば、『幼きよりなづさひし者の、今はのきざみにつらしとや思はむ』と(2)思う給へてまかれりしに、その家なりける下人《しもびと》の病しけるが、にはかに出であへで亡くなりにけるを、おぢ憚りて日を暮らしてなむとり出で侍りけるを、聞きつけ侍りしかば、神事《かむわざ》なる頃、いとふびんなることと思う給へかしこまりて、え参らぬなり。この暁より、咳病《しはぶきやみ》にや侍らむ、頭いと痛くて苦しく侍れば、いと無礼《むらい》にて聞ゆること」など宣ふ。

（源氏物語　夕顔）

（注）立ちながら〜――穢れに触れないために来客には立たせて簾越しに話をするのが当時の習慣であった。
頭剃り、忌むことうけなどして――「剃髪し、受戒などして」の意。「忌むことうけ」は戒律を受けること。
出であへで亡くなりにけるを――召使は死に至るような病気になると、主家を死の穢れに触れさせないために他の所に移されるのが当時の通例であった。ここは、急には他所に移しきれずに死んでしまったということ。
神事なる頃――宮中で神事の多い頃。

（問）(1) 誰が誰に申したのか。
(2) 主体を補い、現代語に訳せ。

解説

(1)の「申したりしかば」には主体も客体も書かれてはいないが、これが(2)の「思う給へてまかれりしに」に係っていることは看破できよう。その「思う給へてまかれりしに」には下二段活用の「給ふる」が用いられているから、話し手(一人称)である源氏の君の動作と決められる。助詞「ば」の客体主体の関係から、「申したりしかば」の客体は「私」(=源氏の君)ということは、それまでの発言から主体を「乳母にて侍る者」と決められるし、さらにはこの「申し」は、自分で自分を敬ってはならないから、荘重体敬語と見てゆける。

(2)の「まかる」も、源氏の君は乳母に対して一切敬う表現をしていないので、荘重体敬語であり、現代語の「参る」を訳語に使う「私は存じて、乳母の所に参りました折に」の意である。

なお、この文章は、「その験にや」・「咳病にや侍らむ」という挿入もあり、当時の習慣に関する記述、さらに、「いとふびんなることと思う給へかしこまりて、え参らぬなり」の解釈、「出であへで亡くなりにけるを」が「とり出で侍りけるを」に係っていることなど、気を付けなければならない箇所が多くある。

通解

「立ったまま、こちらにお入りになってください」とおっしゃって、源氏の君は御簾の中にいらっしゃるままお話しになるのは、「私の乳母でございます者で、この五月の頃から重く患いました者が、剃髪をし、受戒などをして、その効験のせいでしょうか、持ち直していましたけれど、この頃再び病気がおこりまして、弱々しくなってしまっています。その乳母が、『今一度見舞ってくれ』と私に申しましたので、『幼い時から慣れ親しんできた者が、最期という時に見舞わないのも薄情だと思うだろうか』と思いまして、乳母の所に参りましたところ、その家にいました召使の者で、病気をしていました者が、急に他所へ移しきることもできずに死んでしまいましたのを、そこにいた私に遠慮して、夜になってから死骸を取り出しましたことを、聞きつけましたので、宮中で神事の多い頃、穢れの身で参内するのは、何とも不都合であると存じ、謹慎して参内できないのであります。この暁から、咳の病でしょうか、頭がとても痛くて苦しゅうございますので、大変失礼な状態であなた様に申しあげています次第」などとおっしゃる。

4 その他、注意すべき敬語

敬意の軽重

尊敬語には、その語によって、比較的敬意の軽いもの、あるいは重い敬意を表すものなどの差があることがある。

平安朝中期では、

(1) 書かる

(2) 書き給ふ

(3) 書かせ給ふ（書かしめ給ふ）

の三種にあっては、敬意の軽重（(1)＜(2)＜(3)）があった。この(3)は、『源氏物語』などの平安中期成立の物語の地の文では皇族またはそれに準ずる者に使われ、「二重尊敬語」とか「最高敬語」と呼ぶことがある。今、地の文と限定したが、会話文では、その話し手と聞き手との関係で敬意の軽重が決まるのであるから、皇族以外でも「せ給ふ」「させ給ふ」などの二重尊敬語が用いられることがある。しかし、それが重い敬語を表すことにかわりはない。敬語動詞として「のたまはす」「たまはす」も二重尊敬語といえる。解釈は通常の尊敬語と同じでよい。これら以外の尊敬語は、体系的には段階の差は認められないとしておく。なお、鎌倉時代以降は、語によって敬意の軽重を表す傾向は弱まっていく。

また、謙譲語、丁寧語についても敬意の段階はあったが、その使い分けは尊敬語ほどはっきりしてはいない。ただ、尊敬語の場合、敬意の軽重を考えることによって主体をはっきり判定させることもできる。

設問九

次は、関白の宣旨《せんじ》の下った藤原道兼が病いをおして参内なさった折の記事である。傍線部の主体を考えよ。

いと苦しうならせ給ひにければ、殿上よりはえ出でさせ給はで、御湯殿の馬道の戸口に、御前《ごぜん》を召してかかりて、(1)北の陣より出でさせ給ふに、こはいかにと人々見奉る。殿には常よりも経営《けいめい》して待ち奉り給ふに、人々にかかりて御冠もしどけなくなり、御紐おしのけて、いといみじう苦しげにておりさせ給へるを、(2)見奉り給へる御心地、(3)出で給うつる折にたとしへなし。

（大鏡　右大臣道兼）

（注）御湯殿の馬道の戸口――清涼殿西廂の最北。後涼殿に続く所にある。
御前――「ごぜん」と読むと、前駆けの者の意。
経営して――さまざまな準備をしての意。

解説

(1)「いと苦しうならせ給ひにければ」は、最初の解説からして道兼を主体にして読むところであるが、その際、道兼に二重尊敬語を用いていることを確認しておく。すると、次の意味のまとまりである「殿上よりはえ出でさせ給はで……御前を召してかかりて……出でさせ給ふに」は、二重尊敬語の使用から道兼の動作と決められる。「かかりて」は係っていく箇所（「出でさせ給ふに」）に尊敬語があるので、助詞「て」の用法をあわせて考えれば、そこに尊敬語はなくてもよいことになる。

「こはいかにと人々見奉る」の「見奉る」は「道兼を」である。客体は書かれていなくても、「奉る」という謙譲語補助動詞の存在がそれを教えてくれている。

「殿には常よりも経営して待ち奉り給ふに」は、「殿（＝御邸）」の人々の動作（具体的には北の方であろう）。この尊敬語は「給ふ」であり、道兼に対する敬語とは重さが違っている。

「人々にかかりて……おりさせ給へるを」は道兼の動作と決められる。御邸にもどった道兼が苦しそうに御車からお降りになっているのである。

(2) 「見奉り給へる」は、尊敬語が「給へ」であるところから、北の方たち（御邸の人々）を主体とする。いうまでもなく、客体はお苦しそうな道兼である。

(3) 「出で給うつる」は、「出で給ひつる」の音便形である。尊敬語は「給う」であって「させ給う」とないのだから、主体を北の方たちと考えて解釈を定めてみる。迎えに出てきなさった折と読めば解決する。迎えに出る前は御邸の主人が関白になるということで期待に胸をふくらませていたのだが、実際にお帰りになったそのお姿を見てあまりにもおいたわしいとお思いになり、「出で給うつる折にたとしへなし」としたのである。

よく、「出で給うつる折」を、道兼が御邸を出て宮中に参上なさった時というが、他の所で道兼に二重尊敬語を用いていて、ここだけない場合は別の考え方をする余裕をもっていたい。その上で、どうしても敬語の不一致としか見られない場合は、不一致と決定していくのである。

通解

道兼公はたいそう苦しくおなりになってしまったので、（正式にこうした時に通る）殿上の間を通ってはお出になることもできず、御湯殿の馬道の戸口に前駆けの者をお呼びになり、それにすがって、北の陣からお出になる、その時に、「これはどうしたことか」と人々はお見申しあげる。御邸では普段よりもさまざまな準備をしてお待ち申しあげなさっている時に、人々にすがって御冠もだらしなくなり、御装束の紐を解き放って、たいそうひどく苦しそうな御様子で車からお降りなさった道兼公の御様子を、お見申しあげていらっしゃる北の方たちのお気持ちは、お迎えに出ていらっしゃった時とは比べものにならないほどである。

奉る・参る

この二語は、本来は謙譲語（客体を敬う語）であったが、他に転用されることもある。

奉る
- ① 謙譲語
  - (イ) 本動詞（「与ふ・やる」の謙譲語……サシアゲル）
  - (ロ) 補助動詞
- ② **尊敬語** 本動詞（「着る・乗る」の尊敬語……オ召シニナル・オ乗リニナル）

参る
- ① 謙譲語
  - (イ) 自動詞「貴人のもとへ行く」意の謙譲語……参上スル・参詣《さんけい》スル・ウカガウ
  - (ロ) 他動詞
    - (a)「貴人にやる・すすめる」意の謙譲語……サシアゲル
    - (b)「行為として貴人のためにする」意の謙譲語……シテサシアゲル・スル（御格子《こうし》参る・大殿油《おおとなぶら》参る・加持《かぢ》参る ナド）
- ② **尊敬語**（「食ふ・飲む」の尊敬語……メシアガル）
- ③ **対者敬語**（荘重体敬語）

なお、尊敬語「奉る」には「召しあがる」意もあるとして、次の『竹取物語』の例をあげる書もある。

一人の天人言ふ、「壺なる御薬たてまつれ。（かぐや姫ハ）きたなき所のものきこしめしたれば（＝召シアガッテイルノデ）、御心地あしからむものぞ」とて、持て寄りたれば、この会話を、天人がかぐや姫に言ったと解釈すれば、確かに「めしあがる」の意となるが、天人がかぐや姫の脇にいた侍女に言ったと解釈すれば、「かぐや姫に御薬をさしあげよ」となり、本来的な謙譲語となる。これ以外、「めしあがる」の例としては、上代（奈良時代）の特殊な用例だけが存在しているので、本書では「めしあがる」の意はとらなかった。

設問十

次の傍線部に含まれる敬語はどのような敬語か。また、解釈せよ。

a 殿（＝道隆公）わたらせ給へり。青鈍《あをにび》の固紋《かたもん》の御指貫《さしぬき》、桜の御直衣《なほし》に、紅の御衣《おほんぞ》三つばかりを、ただ御直衣に引き重ねてぞ(1)奉りたる。（中宮様ノ）御前にゐさせ給ひて物など聞えさせ給ふ。「御いらへなどのあらまほしさを、里なる人などにはつかに見せばや」と(2)見奉る。（枕草子）

b （左大臣ハ源氏の君ヲ）わが御車に(1)乗せ奉り給うて、みづからはひき入れて(2)奉れり。（源氏物語　若紫）

c 天の河といふ所に至りぬ。親王に馬頭《うまのかみ》（＝業平）、大御酒《みき》(1)参る。親王ののたまひける、「……歌よみて杯はさせ」とのたまうければ、かの馬頭詠みて(2)奉りける。（伊勢物語　八二）

d 心地もまことに苦しければ、物もつゆばかり参らず、ただなからむ後のあらましごとを明け暮れ思ひ続け給ふに、（源氏物語　総角）

e 「ただ、これしてとく言へ（＝コレヲ用イテハヤク歌ヲ書キナサイ）」とて、御硯の蓋に紙などして（中宮様ガ）

賜はせたる。……かきくらし雨降りて、かみおそろしうなりたれば、物もおぼえずただ恐しきに、御格子参りわたしまどひし程に、このことも忘れぬ。（枕草子）

f （源氏の君ハ）わらは病みにわづらひ給ひて、よろづにまじなひ加持《かぢ》など参らせ給へど、しるしなくて、数多《あまた》たびおこり給ひければ、（源氏物語　若紫）

解説

a 道隆公がおいでになっている。その時の御様子が「青鈍の……」以降である。道隆の動作には尊敬語が付いている点と、「指貫・直衣」などと着物のことが書かれているところから、⑴は「着る」の尊敬語である「オ召シニナル」の意と考える。一方、⑵の方は補助動詞であるから、謙譲語と見る。道隆がお話し申しあげなさったことに対して、お答えになる中宮様のすばらしさを、作者の清少納言が「見奉る」のである。

b ⑴の「奉る」は補助動詞であることや、また、下に尊敬語を付けていることから謙譲語と見る。「奉る」は客体である源氏の君を敬い、「給ふ」は主体である左大臣を敬っている（「給うて」は「給ひて」の音便形）。一方、⑵の「奉る」は、「乗る」意味の尊敬語（本動詞）である。主体は左大臣である。これを尊敬語と見ないと、他に左大臣を敬う敬語がなくなってしまう。また、「乗せ奉り給うて」が係るのは、「奉れり」である点からも、尊敬語としておくのがよい。

c ⑴の「参る」は「大御酒参る」だけ見ると、尊敬語と見誤りそうだが、その上に「親王に」と客体が明示され、しかも、その親王に対して他の箇所では尊敬語を付けている。だから、この「参る」は「さしあげる」意味の謙譲語（他動詞）である。⑵の「奉る」は、「歌を詠め」という親王の命令に応じて歌を詠んで「奉りける」というのだから、謙譲語の本動詞である。もちろん、親王に対する敬語である。なお「のたまうければ」は「のたまひければ」の音便形である。

d　「物もつゆばかり参らず」の箇所だけ見るのでなく、それがどこに係っていくかを見る。すると、「思ひ続け給ふに」に係るということを発見するのはそうむずかしくはない。その結果、「参らず」は中止法であることもはっきりする。「思ひ続け給ふに」に尊敬語があることから、この「参る」も尊敬語（召しあがる意）と考えて読んでみる。それで意味に矛盾が生じなければよいわけである。その際、「心地もまことに苦しければ」が「物もつゆばかり参らず」に係っていることも意味を判断する上で重要である。

e　「御格子参る」は、格子を上げる場合にも下ろす場合にも言う。前後の文脈から、そのいずれであるかを読み取らねばならない。ここでは「雨が降り、雷が鳴り出した」とあるから、格子を下ろす意と見る。この時、貴人のための動作であり、直接貴人に動作をしかけるのではないから、単に「格子をおろす」と訳出してかまわない。なお、「参りわたし」の「わたし」は補助動詞で「一帯（一面・そこらじゅう）……する」の意である。また、「賜はせたる」の「賜はせ」は、単なる「賜ふ」よりも敬意の高い「賜はす」（二重尊敬語）の連用形である。

f　「加持参る」は貴人のために加持祈禱《きとう》をしてさしあげるという意。「加持参る」が固定した表現で、「加持参らす」とは言わないので、「加持参らせ給ふ」の「せ」は使役と見ることになる。これは「御格子参る」にもあてはまることで、もし「格子参らす」とあれば、その「す」は使役と見るのである。なお、「おこり給ひければ」は「病気の御発作が」であり、尊敬語はなくてもよいが、このように付くこともある。

通解

a 道隆公が来ていらっしゃる。青鈍色の固紋の御指貫・桜の御直衣に紅の御衣三枚ほどを、直接御直衣に重ねてお召しになっている。道隆公は中宮様の御前におすわりになって、何かお話を申しあげなさる。「中宮様の御返事などのすばらしさを、里に下っている女房などに少しでも見せたいものだ」と、私はお見申しあげる。

b 左大臣は源氏の君を、自分の御車にお乗せ申しあげなさって、御自身はひき下がって車にお乗りになっている。

c 天の河という所についた。親王に馬の頭がお酒をさしあげる。親王がおっしゃることは、「……歌を詠んで私に杯をさしなさい」とおっしゃったので、その馬の頭が詠んで献上した。

d 気分も本当に苦しいので、食べ物も少しも召しあがらず、ただ死んだ後の、将来こうあるようにと前もって考えておく事を、明けても暮れても思い続けなさるので、

e 「ただ、これを用いてはやく歌を書きなさい」と言って、御硯の蓋に紙などを添えて私に下さった。……雨は空を暗くして降ってきて、雷がとても恐ろしく鳴ったので、何もわからなくなるほど恐ろしく思われた時に、御格子をみな下ろしなどしてうろたえさわいでいるうちに、この歌のことも忘れてしまった。

f 源氏の君は、わらわ病みを患いなさって、あれこれとまじないや加持祈禱を手を尽くしておさせになるけれど、その効果もなくて、御発作が幾度も幾度もお起きになったので、

奏す・啓す

この二語はともに「言ふ」の謙譲語で、「申しあげる」という意味であるが、その客体が決まっている点に特色がある。「奏す」は天皇に、「啓す」は皇后・中宮・皇太后・皇太子などに対して用いる。そこで、これらがあると、少なくとも客体は判明するのである。ただし、だからといって、天皇に対して申しあげる際に「奏す」だけを用いるということはなく、「申す・聞ゆ・聞えさす」も用いる。それは「啓す」でも同じである。つまり、「奏す・啓す」があったら、ヒントだということである。

設問十一

次の傍線部について、後の問に答えよ。

a さて、(1)まゐりたれば、ありさまなど問はせ給ふ。恨みつる人々、怨《ゑん》じ心憂がりながら、藤侍従《とうじじゅう》の一条の大路走りつる語るにぞ、みな笑ひぬる。さて、「いづら、歌は」と問はせ給へば、かうかうと啓すれば、「くちをしのことや。……ここにてもよめ。いといふかひなし」などのたまはすれば、……

（枕草子）

(注) 作者たちが時鳥の声を聞きに出かけたが、歌も詠まずに帰って来た時のことを叙している部分である。

b 内裏に参りて、御鷹の失せたる由を奏し給ふ時、帝ものも宣はせず。(2)「聞し召しつけぬにやあらむ」とて、また奏し給ふに、面をのみまもらせ給うて、ものも宣はず。

（大和物語　一五二）

(問) (1) 誰がどこにか。　(2) 主体を明示して解釈せよ。

解説

a 地の文を読んでいくと、「『……』と問はせ給へば、かうかうと啓すれば、『……』などのたまはすれば」と出る。ここに「啓すれ」（「啓す」の已然形）が出ることで、この場に中宮定子がいることがわかる（『枕草子』を読む際には、作者清少納言は中宮定子《ていし》に仕えていた女房であることを前提として読まねばならない）。「まゐりたれば」が「問はせ給ふ」に係ることを発見するのは容易であろう。「謙譲語＋ば」は、尊敬語を含む箇所に係るといえる。その際、「問はせ給ふ」と二重尊敬語がでる。「（甲ガ乙ニ）――ば、（乙ガ）――」の形式については、既に何度も述べている。それをあてはめ、さらに総合的に見ると、「まゐりたれば」は、作者が中宮定子のところに参上したと決められる。なお、「のたまはす」も二重尊敬語である。

b 「聞し召しつけぬ」は「聞きつけぬ」の尊敬体である。一般に**複合動詞**を**敬語**にするには次のようにする。

V_1・V_2 → V_1（敬）・V_2 ／ V_1・V_2（敬）

例 聞きつく → **聞き給ひ**つく → **聞し召し**つく
聞き**つけ給ふ**

言ひなす → **聞え**なす
言ひ**なし奉る**

つまり、V_1を敬語にしても、V_2を敬語にしても、どちらでもよいのである。すると、「聞し召しつけぬ」は「聞きつけなさらない」の意となるわけである。その主体は、「『聞し召しつけぬにやあらむ』とて、また奏し給ふに」の箇所に「奏す」と出ることなどから、帝と決められよう。「まもらせ給うて」の「まもる」は、じっと見つめる意、また「せ給う」は二重尊敬語であり、「給う」は「給ひ」のウ音便である。なお、最後の「ものも宣はず」は原文通りである。二重尊敬語を用いて敬う人に対して、通常の尊敬語しか付かないことは、実際にはこのようにあることである（反対に、通常の尊敬語しか付けない人に対して、二重尊敬語を用いるということは極めて稀《まれ》である）。しかし、その時は、さまざまな可能性を考えた上で敬語の不一致としか考えられないとした時に、内容を優先させて決定するものである。

通　解

a　そうして、私が中宮様の所へ参上すると、中宮様はその時の様子などをお問いになる。一緒に行けずにくやしがり恨みごとを言った人々が、うらんだり残念がったりしながらも、藤侍従が一条の大路を走って来たことを語ると、みなが笑った。そうして、「どこなの、歌は」と、中宮様がおたずねになるので、こうこうと中宮様に申しあげると、「残念なことですねえ。……ここでもよいから歌を詠みなさい。歌がないなんてつまらないことです」などと中宮様がおっしゃるので、……

b　内裏に参上して、御鷹のいなくなったことを申しあげなさった時、帝は何もおっしゃらない。(2)「聞きとりなさらないのであろうか」と思って、もう一度申しあげなさると、帝は顔をばかりお見つめになって、何もおっしゃらない。

設問十二

次の文は、参内した女院（詮子《せんし》）が、上（一条帝）に余命も長からぬような心細い物語をした後、上は中宮のいる御部屋にやって来た折の記事である。読んで、後の問に答えよ。

上は御心地にいともの嘆かしうおぼし召さるれば、やがて中宮の御方にわたらせ給へれば、いらせ給ふより心ことに物忘れせらるる(1)御有様をかひありておもほしめされて、心のどかに御物語などせさせ給ひて、「院の御方に(2)参りたりければ、いと心細げに宣はせつるこそ、いと物おもはしくなり侍りぬれ」などいとものあはれに宣はすれば、よろづ恥しうつつましうおぼさるれど、院には、殿の御前のこの宮の御事を昔より心ことに(3)聞えつけ奉らせ給へれば、「げにいかなればにか」と心さわぎしておぼさるべし。

（栄華物語　鳥辺野）

〈略系図〉

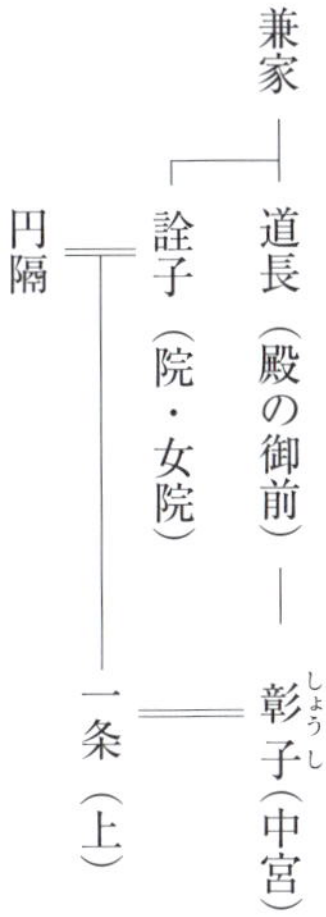

（問）(1) 誰の「御有様」であるか。

(2) (a)誰がか。(b)傍線部はどこに係るか。

(3) ここの敬語法を説明せよ。

解説

意味のまとまりを考えてこの文の内容を切ってみる。

①「上は……おぼし召さるれば」＝主上が御心の中で悲しく思わずにいらっしゃれないこと。「御心地に」は「おぼし召さるれば」に係る。

②「やがて……わたらせ給へれば」＝主上が中宮の御部屋においでになったこと。

③「いらせ給ふより……おもほしめされて……せさせ給ひて『……』など……宣はすれば」＝主上を主体とした表現。「尊敬語＋て」の係り方に注意。

④（③の中）「心ことに物忘れせらるる御有様」＝中宮の御様子→(1)参照。

⑤「よろづ恥しうつつましうおぼさるれど」＝結果として、中宮を主体としている。

⑥「院には、殿の御前のこの宮の御事を……聞えつけ奉らせ給へれば」＝道長を主体としている→(3)参照。

⑦「『……』と……おぼさるべし」＝⑤を承けて、中宮を主体とした表現。

①・②は容易に一条帝を主体とした表現と定められよう。御自分の母宮の余命が長くないということを知っては悲しく思うのは当然なことであろう。「もの嘆かしうおぼし召さるれば」は「『もの嘆かし』とおぼし召さるれば」として理解する（p.59）。

(1)「……御有様をかひありておもほしめされて」の主体は、「院の御方に……物おもはしくなり侍りぬれ」の会話の内容・敬語法から考えて一条帝と決められる。その際「御有様」は誰の様子ということになるのか。「御」が付いていること、「御有様を」とあること、一条帝が中宮の御部屋にやって来たことなどを総合して考えれば「中宮の御有様」以外は考えられない。

「心ことに物忘れせらるる御有様」の「物忘れす」とは悲しい物思いを忘れるの意だが、中宮に対しては他所できちんとした敬語を用いている以上、「物忘れせらるる」では不足であるから、「物忘れせらるる」の主体は中宮とはならない。そこで、「らる」を自発とみて「人々がその様子を目にすると自然と辛い物思いを忘れてしまうほどの中宮の御様子」と考えていく。

(2)(a) 一条帝が中宮に対して話をしている中に出る。「参りたりければ」に尊敬語が出ないし、その客体が明示されている（女院である）こと、ならびに本文の前の解説から考えて、主体はこの話し手である一条帝と定める。客体を持つ動詞の已然形に助詞「ば」が付いた時、それが係るのは、客体であった人が主体である箇所にであるとは既習である。これは、客体が存在する場合にだけおこる現象であるが、必ず客体が存在する表現、つまり謙譲語に「ば」が付いた時はどう考えるか。謙譲語は客体を敬う、その客体が主体として表されるのだから、そこには尊敬語が出るのが一般的である。図示すると、次のようになる。

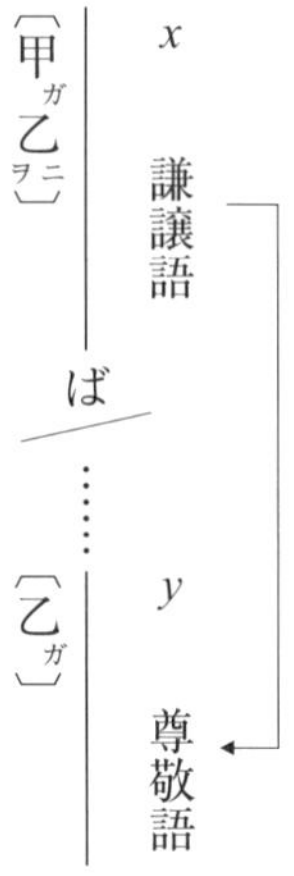

(b) そうすると、「（私ガ）院の御方に参りたりければ」が直接係るのは、尊敬語を含む「宣はせつるこそ」であり、この主体は女院ということになる。

帝は中宮に対して話をした（対者中宮がしっかり存在していることを示すものとして、その会話中に「侍り」が出る）わけだが、③の最後の「宣はすれば」に謙譲語が出ない。謙譲語は必ず出なければならない語ではない。動作で大事なのは、誰がするかということで、主体なのである。客体は強く意識したり、誤読を避けさせるような時に明示するものである。そこで、逆に、**謙譲語が出た場合は客体を強く意識して読む**ようにしなければならない。

(3)「聞えつけ奉らせ給ふ」から敬語を抜くと「言ひつく」となる。「言ふ」を謙譲語にすると「聞ゆ」となり、その「聞えつく」に「奉る」(謙譲語の補助動詞)と「せ給ふ」(尊敬語)を付けたのが、ここの表現である。つまり、一つの動作に謙譲語が二つと尊敬語が一つあることになる。ということは、一つの動作中に、敬うべき客体が二人、敬うべき主体が一人いるということである。主体は「殿の御前(=道長)」である。客体は「院(=女院詮子)」と「この宮(=中宮)」である。作者は、女院に対し「奉る」を、中宮に対し「聞ゆ」を用いて敬ったのである。ただ、現代語ではこのような時に言い表すべき表現を持たないので、あえて謙譲語を一つ抜いて解釈せざるをえない。

通解

主上は御心の中で、なんとも悲しいと思わずにいらっしゃれないので、そのまま中宮様のいらっしゃる御部屋においでになったところ、主上は部屋にお入りになるやいなや、格別に悲しい物思いをしていることを誰でも見ると自然と忘れてしまうほどの中宮様の御様子を、やってきた甲斐があると思わずにいらっしゃれなくて、心のどかに御話などをなさって、「私が女院の御部屋にうかがっていたところ、女院はなんとも心細そうな様子でおっしゃったので、そのことが頭から離れなくなってしまいました」などと、ずいぶんしみじみ悲しくおっしゃるので、中宮様はいつもは、万事はずかしくも遠慮されることに思わずにいらっしゃれないけれど、女院には、父道長公が中宮様の御事を昔から格別にお願い申しあげなさっているということがあるので、今回に関しては、「本当にどうだからであろうか」と胸がどきどきして御心配なさらずにいらっしゃれないにちがいない。

〈補説Ⅳ〉「仰せらる」という語

平安時代以降、尊敬の意を表す助動詞に「る・らる」系と「す・さす」系がある。「る・らる」系は単独で用いた場合に尊敬になるのに対し、「す・さす」系は他の尊敬語と併用した時に敬意の高い尊敬の意を表すのが普通である。そのような用法の差異があるからこそ、両系の語もまた同時に存在しえたのである。

(1) かの大納言（＝公任）はいづれの舟にか乗らるべき　（大鏡）

(2) （帝ガ）御覧じて、いみじう驚かせ給ふ。　（枕草子）

この二例は、それぞれの代表例といってもよいほどの例である。さて、「る・らる」という助動詞は、尊敬以外に、自発・可能・受身の意を持つ。といっても、当初から明確に四つの意味に分離できたのではなく、それらが渾沌《こんとん》とした複合的なものであったもの（おそらく、その中心は自発であろう）を、現代語から考えてそれぞれに命名したと考えるのがよい。その中で、ある人の行為を直接的に述べず、遠まわしに自然に実現するように言うところから生まれたのが尊敬ということになったのだろう。

ただ、四つの職能を認めた上で、古文に出る例を整理したときに、「る・らる」は、単独で用いた場合に限って尊敬にもなりうるとするのである。言いかえれば、**他の尊敬語と併用した「る・らる」は尊敬以外の職能とみる**ということである。

(3) （源氏の君ハ）かかるありきもならひ給はず、所狭き御身にて、めづらしう思されけり。　（源氏物語　若紫）

(4) （宇治の八宮ハ）おほやけ私により所なくさし放たれ給へるやうなり。　（源氏物語　橋姫）

(3)は自発、(4)は受身の例である。以上のことを前提とした際に、「仰せらる」をどのようにみるかということになる。よく尊敬語「仰す」に尊敬の助動詞「らる」の付いた語というが、それでは他の尊敬語と尊敬「らる」が併用されることになり、不都合が生じる。

「仰す」という語を調べてみると、奈良時代に次のように出る。

① 背負わせる。　「片思ひを馬にふつまにおほせもて、越辺にやらば」　（万葉集）

② 課す。　「神におほせむ心知らずて」　（万葉集）

③ 命ずる。　「勅《の》りたまひ、おほせ給ふ御命を」　（続日本紀　宣命）

ここで留意すべきことは③の用法である。「おほす」そのものに尊敬の意がないからこそ、その下に尊敬の意を添加して「おほせ給ふ」としたのである。

平安時代になっても「おほせ給ふ」は多少残るが例は少ない。

(5)　人々召し出でて、あるべきことどもおほせ給ふ。　（源氏物語　澪標）

それにかわったのが「おほせらる」である。命令する場合には、口に出してことばで言うところから、後には命令でなく、単に「言う」の尊敬語の「おっしゃる」の意で使うようになる。

(6)　（中宮ガ）「またなでふこと言ひて笑はれむとならむ」と仰せらるるもまたをかし。　（枕草子）

(7)　堀河女御、松風の音をきこしめして、「松風は色や緑に吹きつらむもの思ふ人の身にぞしみける」と仰せられけり。　（栄華物語）

この二例では、ともに命令の意はなく、「おっしゃる」の意と考えられる。もしも、「お命じになる」という意なら、「おほせ」＋尊敬「らる」と二語に分けることもできようが、それから意味が転じている以上、二語に分けることは無理で、このような「おほせらる」は一語としてのとり扱いが妥当である。

つまり、「命ずる・課す」という非尊敬の意味なら「おほす」を一語とみるが、転じて生まれた「おっしゃる」という意味の場合は、尊敬語「おほす」に尊敬の助動詞「らる」が付いたとするのではなく、**「おほせらる」を一語の尊敬語とみる**のがよいことになる。

ところが、「おほす」に「命ずる」の意があり（「命ずる」は上位者の下位者に対しての動作である）、「おっしゃる」という動作も上位者の動作であることから、鎌倉時代ごろから、「おほす」を単独で用いても「おっしゃる」の意で用いるようになる。あえていえば誤用から生まれたといえる。

(8) 鳥羽院、「明石の浦はいかに」と仰せければ、（平家物語）

(9)（法皇ガ）「女院はいづくへ御幸なりぬるぞ」と仰せければ、（同）

ここになってはじめて、「おほす」を一語の尊敬語とみることができるようになった。しかし、同時に以前からの「おほせらる」も併用されるのである。現代語「おっしゃる」は「おほせある」の転か「おほせらる」の変化かは論のわかれるところだが、語としては今日までつながっているのである。

第六講　引用文と挿入

1 引用文

ある文章の書き手が読み手に対して説明する文を**地の文**という。それに対し、それとは別の機会に、誰かが誰かに対して、話したり書いたり、また心の中で思ったりした文を、地の文とは区別して、**引用文**という。具体的に話したものを会話文、思った内容を表したものを心内文（心話文・心中思惟文）と称することがある。引用文の下には助詞「**と・など**」を付ける形式が多く、その引用文にはカギ（「　」）を付けて示すことが多い。また、地の文にある語句は地の文にある語句と直接の意味のつながりを持ち（これを**係る**という）、引用文にある語句は、同一の引用文中の語句に係るのである。これを図示すると次のようになる。

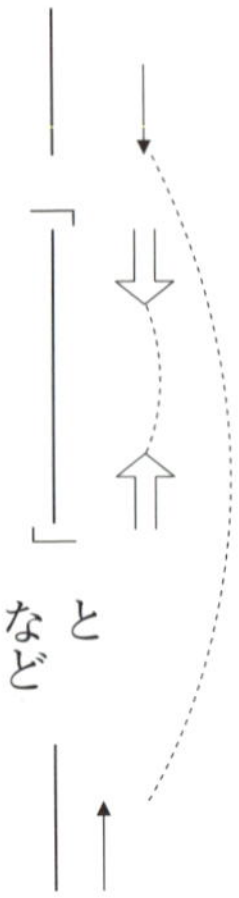

(1)　（女は）草の上におきたりける露を「かれは何ぞ」となむ男に問ひける。
（伊勢物語　六）

(2)　男は「この女をこそ得め」と思ふ。女は「この男を」と思ひつつ、……
（伊勢物語　一二三）

地の文と引用文との間には文体の差、敬語の違いなども存在する。逆にそれらを利用して、引用文の範囲を明確にしていくこともできる。また、カギ（「　」）を付けることによって、語句の省略を発見することも容易となる。(2)の心内文で「この男を」は、文として完結していない。「この男を」の下に「得む」などを補うこともできそうだと考えて読むのである。

さらに、会話文が成立しているということは、必ず話し手と聞き手が存在し、話し手は一人称（私）という立場で、聞き手は二人称（アナタ）という立場で、その会話文中に表れうることも考えておく必要がある。心内文でも、同様に一人称の存在を考える。(2)の例で、「この女をこそ得め」には主語の表示がない。そのような時、まず、一人称主体を考えてみるとよい。それによって、「め」（「む」の已然形）も意志の用法と、論理的に決められる。

設問一

傍線部「など」のうける範囲はどこからか。

今内裏の東をば、北の陣といふ。梨の木のはるかに高きを、いくひろかあらむなどいふ。（枕草子）

解説

「いくひろかあらむ」が会話文中であることは自明である。その上の「梨の木のはるかに高きを」がその会話文中に入るかどうかを考える。つまり、「……高きを」がどこに係るかを検討するのである。「……高きを」が「いくひろかあらむ」に係るならば、会話文は「梨の木……」からであるし、「……高きを」が「いふ」に係るならば、会話文は「いくひろか」からである。助詞「を」の意味には「…コトニ対シテ」の意があることなどから、「高きを」は「いふ」にかけるのが妥当である。なお、これは第五講に長く採って問題にした一部であるが、その際には会話文にはカギを施していた。なぜ、そこにカギを付けたのかを確認しておきたかったのである。

通解

今内裏の東を北の陣という。梨の木で、遠くにあり高い木を「どれくらいの高さがあるのだろうか」などと言う。

設問二

次は、一代に一度しかない大嘗会《だいじょうえ》（即位後、天皇が新穀を神に供える儀式）の御禊《ごけい》（賀茂川で身を清める儀式）の当日に初瀬参詣に出かける作者のことを叙した箇所である。傍線部はどこに係るか。

ともに行く人々もいといみじく物ゆかしげなるは、いとほしけれど、物見て何にかはせむ。かかる折に詣《まう》でむ志を、さりともおぼしなむ。必ず仏の御験《しるし》を見むと思ひ立ちて、その暁に京を出づるに、……

（更級日記）

解説

第一講を参考にして考えていく。すると、「ともに行く人々もいといみじく物ゆかしげなる」で意味がまずまとまる。次に「物ゆかしげなる（様子）は、いとほしけれど」である。ここは、「物を見たそうな様子であるのはかわいそうであるけれど」の意である。さて、「いとほしけれど」は逆接である。「かわいそうだけれど、ドウスル」と考え、ドウスルが逆接となるところを探しながら読むことになる。次の「物見て何にかはせむ」には意味上続くことは無理である。「いとほしけれど」と「何にかはせむ」が内容上逆接にならないからである。すると、「せむ。」の句点までに係り所がないのだから、「いとほしけれど」の下にカギを施すことを考える。そのカギに対応する下のカギは「仏の御験を見む」の下に施せる。すると次のような構造になる。

……いとほしけれど、「……」と思ひ立ちて、その暁に京を出づるに、……

ここで「思ひ立ちて」に係るのか「京を出づるに」に係るのかを熟考するのである。いうまでもなく「京を出づるに」に係ると見る方がよいことになる。

実際には、会話文にはカギを施すことがあっても、心内文のカギは施されないことが多い。しかし引用文と地の文ということになれば、会話文も心内文も同じ取り扱いをすべきであるから、カギを付けて読む習慣を持ちたい。なお、設問一と設問二は、結果的には同じこと（引用文の範囲を定めること）を違う形式で問うたのである。

通解

供として行く人々も、たいそうひどく大嘗会の御禊を見たそうな様子であることについては、かわいそうであるけれど、「見物などしても何になろうか。このような時に参詣するような志を、仏も『深い志だ』ときっと思ってくださるだろう。必ず仏の御利益を見ることになろう」と、思いたって、その日の未明に京を出発するが、……

設問三

次の傍線部は、それぞれどこに係るか。

a 宮の御前の御心地にも、播磨とかやは、こよなく近しと聞きつれば、たのもしかりつるものを。とありともかかりとも、母北の方はおはすべき御有様にもあらざめり。とかくのことのをりに、いかにあはれに悲しう心ぼそう、誰かは、やともいはむとすらむと、尽きもせずおぼさる。（栄華物語 浦々の別れ）

（注）右の文章は、流されていた播磨からのがれた伊周《これちか》が再び捕えられ大宰府に流される時のことを叙している。「宮の御前」は伊周の妹、中宮定子のことである。

b 八月十一日の夢に、阿闍梨《あじゃり》おはして、阿弥陀《あみだ》の讃《さん》と申すものの古きを書きあらためて、これを見よとて取らせ給へりと見る。（成尋阿闍梨母集）

解説

引用文を確認するのに、いつも引用の助詞を見てから、逆にもどってきて始まりのカギを付けようとするのではない。ある種の表現は次に引用文が来ることを示す場合がある。有名なものは、

いはく
いふは　｝「………」といふ
いふやう

の形式である。「言ふ」という語だけでなく、「思ふ」などでもこの形式は多用される。また、「言ふ・思ふ」という動詞だけでなく、助動詞が付いたり、敬語になってもよいのである。「宣ひけるは『……』と宣ひければ」、「思ひ聞え給ふやう『……』と思して」などである。

しかし、この形式ばかりでなく、次も知っておくと便利なものである。

夢に「………」と見る
心に「………」と思ふ

aは「御心地にも」とあるが、単に「心地に」ではなく、「御心地に」であるから、「思ふ」の尊敬語を予定して読むのである。すると最後に「おぼさる」（「る」は自発）と出るので、傍線部は「おぼさる」に係ることがわかり、「播磨とかやは……いはむとすらむ」が心内文だと定められる。

bは「阿闍梨おはして……取らせ給へり」が引用文で、「見る」の具体的内容ということになり、傍線部は「見る」に係っていることがわかる。つまり、見た夢の内容ということになるのである。

この係り方は多くそうであるということで、すべてではない。中には「夢に」とあるのに「見る」が出なかったりすることもある。その時は別の語句へかけて読むことになるが、いずれにせよ、どこに係るかを考えて読むことは大切である。

通解

a　宮の御前の御心地にも、「播磨とかいう所は、都にたいそう近いと聞いたので、たのもしく思ったのに。いずれにもせよ、母北の方は元気でおすごしになれそうな御様子でもないように私には見える。万が一の時に、どんなにしみじみ悲しく心細く、誰が『あれ』と言うだろう（誰も言う人は母の側にはいないことだ）」と尽きることもなく思わずにはいらっしゃれない。

b 八月十一日の夢に、「阿闍梨がおいでになって、阿弥陀の讃と申しあげるもので、古いものを書き改めて、『母上、これを見なさい』と言って与えてくださった」と見る。

設問四

次の文から、会話文を指摘せよ。

水なしの池こそ、あやしう、などてつけけるならむとて問ひしかば、五月など、すべて雨いたう降らむとする年は、この池に水といふものなむなくなる。また、いみじう照るべき年は、春のはじめに水なむおほくいづるといひしを、むげになく、かわきてあらばこそさもいはめ。出づるをりもあるを、ひとすぢにもつけけるかなと、いはまほしかりしか。

（枕草子）

解説

この文について、冒頭の「水なしの池こそ、」を「水なしの池こそ。」として読み、最後の「いはまほしかりしか」を「いは・まほしかり・し・か」と考える立場もあるが、ここではそれにはふれず、「水なしの池こそ、」と考えて、それが文末の「いはまほしかりしか」に係っていくことにしてみたい。

ここで、引用の助詞と過去助動詞「き」に着目してこの文を整理すると、次のようになる。

水なしの池こそ、あやしう「……」とて問ひしかば、「……」といひしを、「……」と、いはまほしかりしか。

地の文には過去の助動詞がきれいに出ているのに、会話文には出ていない。これは、たまたまきれいに揃って出た例であるが、こんなにきれいに揃わなくても、時制に気をつけるとわかりやすくなる例は数多くある。今後注意してみたい。

通解

水無しの池については、不思議に思え、「どうして（水無しの池という名前を）つけたのであろう」と思って問うたところ、「五月など、一般に雨がひどく降るような年は、（春のはじめに）この池に水というものはなくなる。また、（五月に）ひどく照るはずの年は、春のはじめに水は多く出る」と、ある人が言ったので、「まったく水がなく、どんな時でも乾いているのであれば、そうもいえよう。しかし、水の出る時もあるのに、一方的に名を付けたことだなあ」と言いたかった。

引用文中に多用される表現

もはや気付いている読者も多いかもしれないが、地の文は書き手が客観的に事情の説明をしてゆくための文であるのに対して、引用文は話し手が対者（聞き手）を意識して主観的な表現をするものである。そこで、引用を表す「と・など」が出て、その上が引用文の最後だと意識して、おもむろに前をふり返るのではなく、主観的な表現や、対者を意識した表現が出たならば、そこを引用文中と見、係り承けなども考慮してその引用文の範囲を定めるのも一つのやり方であろう。対者を意識した表現や、主観的表現として次のような項目が考えられる。

① 命令表現（命令文・禁止文）
② 対者敬語
③ 省略文（述部の省略）
④ 主観的表現に関わる表現（感動文・助動詞「めり」・終助詞・係助詞「なむ」ナド）

言うまでもないことではあるが、日記や随筆は作者の心内文の延長であるから、①〜④の表現があったからといって、そこがすぐに引用文中とは決められない。これまでの様々な文章をこのような目をもって読み返すのも潜在的な力になるはずである。

自敬表現といわれるもの

俗に自敬表現といわれるものがある。古くは、高貴な人は自分を敬うために敬語を用いることもあったのだなどということがまことしやかに言われもしたものだが、それならば、それに該当する多くに敬語表現があってよいはずなのに、自敬表現と呼ばれるものは、例外的にごく稀に現れるだけである。では、それをどう見たらよかろう。

設問五

紀伊守範通《のりみち》は出家遁世して蓮誉と名のり、讃岐に流されていた新院（崇徳院）の粗末な御所を訪れるが、会うこともなく歌を託した。次はその後を叙した箇所である。次の傍線部中に含まれる敬語について、説明せよ。

新院叡覧ありけるに、一首の歌をぞ書きたりける。

朝倉や木の丸殿《まろどの》にいりながら君に知られで帰る悲しさ

院もあはれに思し召されければ、御所近く召されて、都の事をも聞こし召し、昔のゆかしさをも尋ねばやと思し召されけれども、それもさすがにて、御返事ばかりぞありける。

朝倉やただいたづらに帰すにも釣する海士のねをのみぞ泣く

蓮誉これを賜はりて、笈《おひ》の底に納め、泣く泣く都へのぼりけり。

（保元物語　下巻　新院御経沈めの事）

（注）「朝倉や～」の歌――「朝倉」は、斉明天皇が新羅遠征に際して、現在の福岡県朝倉郡に木の丸殿を造った地。「木の丸殿」は、丸木のままで造った宮殿。

笈――行脚の僧などが仏具や衣服を入れて背負う箱。

解説

傍線部は新院の心内文中に出る。その心内文は、「御所近く召されて、都の事をも聞こし召し、昔のゆかしさをも尋ねばや」である。「尋ねばや」には問題がないのだが、そこ以外に問題がある。それは自敬表現とか自己尊敬とかいう問題である。新院（崇徳上皇）が、心内文の中で、「召されて」とか「聞こし召し」とかと、自分の動作に尊敬語を付けている。自敬表現とか自己尊敬とかいうのは、語学上の名称であって、実質的に自分自身を敬うということは本来はありえない。だから、自敬表現とか自己尊敬などが出ると、それは笑いの対象にもなるのである。では、なぜそのような表現が出るのかというと、その箇所が引用文中であることを表現者が失念して、表現者自身の敬意を入れ込んでしまった結果の問題なのである。たとえば次のような経緯を考えてみる。

①「雨降れば、帰らむ」と仰せられて、

② 雨降れば、帰り給はむことを仰せられて、

この①②はともに正しいのだが、昔は引用文の意識が明瞭でないために、

③ 雨降れば、帰り給はむと仰せられて、

というような文が自然に生まれ、後にこれに引用符を付け、

④「雨降れば、帰り給はむ」と仰せられて、

という形になるのである。これは、かなりの身分の人の引用文（会話文・心内文）の中に起こる現象である。ここも、その箇所が崇徳院の心内文であることを作者が失念し、作者の崇徳院に対する敬意が入り込んだと見るところである。

通解

崇徳院が御覧になったところ、そこには一首の歌を書いていたのであった。

新院の粗末な丸木造りお住まいを訪ねながらも、御目に懸かることもなく帰らねばならないことの悲しさよ。

崇徳院もしみじみ悲しく思わないではいらっしゃれなかったので、御所近くにお呼びになって都のことをもお聞きになり、昔のことで心ひかれることをも尋ねたいものだと思わないではいらっしゃれなかったけれど、それもいくらなんでも配流の身では憚られるので、御返事だけをなさった。

折角来てくれたのに、会うこともなくこの粗末な御所からそなたを帰すにつけても、海辺に住まいする朕《わたし》はそなたの厚意が嬉しく声をあげて泣くばかりであるよ。

蓮誉はこの御歌をいただいて、笈の底深く大事に納めて、泣く泣く都へ上ったのであった。

2 挿入

文の途中に、独立の関係で、文として成立しているものをはさみ込むことがある。これを**挿入**という。挿入は、本筋の叙述に対して補足的に感想・意見などを叙述するものである。これも図示してみる。

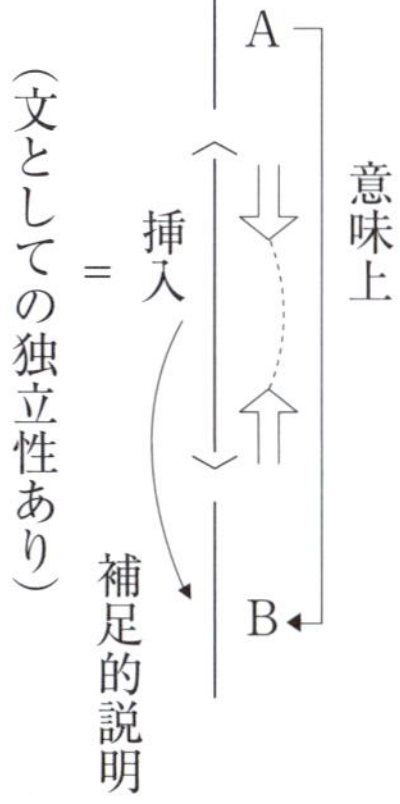

扱い方は引用文と同じようにしてよいが、挿入は作者・話し手の意見であることを確認しておく必要がある。まず例を出してみる。

(1) その時、帝の御むすめ、〈いみじうかしづかれ給ふ、〉ただ一人、御簾の際に立ち出で給ひて、柱によりかかりて御覧ずるに、（更級日記）

(2) 〈時しもあれや、〉かの一年捕られたりし俊基を、また〈いかに聞ゆることの出で来たるにか、〉からめとらんとしければ、（増鏡　むら時雨）

(1)で、「帝の御むすめ」は「立ち出で給ひて」へ係る。「御むすめ」の補足的説明が文として独立性のある「いみじうかしづかれ給ふ」なのである。(2)で、「俊基を」は「からめとらんとしければ」へ係り、その間の「いかに聞ゆることの出で来たるにか」は文として独立性があり（ただし結び「あらん」は省略されている）、「からめとらんとしければ」の補足的説明になっている。また、「時しもあれや（＝マサニソンナ時デアッタヨ）」も文として独立性があり、「……俊基を、また〈……〉からめとらんとしければ」の補足的説明と見られるので挿入と考えられる。挿入はBに対する補足的説明なので、Aがなく、挿入から文の始まることもあるのである。次に**多用される挿入の例**をあげる。

A ──、〈……疑問の係助詞……推量の助動詞、〉── B

例 ── A ──、〈……**にや**／**か** あら**む**〉── B
（「あらむ」は省略されることも多い）

(3) 〈堀河の関白の孫にやおはしけむ、〉重家の少将とて、左大臣の一人児におはせし、（今鏡　苔の水）

(4) 隠しおきたりける（鶏ヲ）〈いかがしけむ、〉犬見つけて追ひければ、（枕草子）

これらは、A・Bには客観的立場からの叙述をし、挿入は、A・Bの原因理由などを主観的な側面から推測しているのである。そこが挿入とわかったら、A・Bを先に読んでしまい、挿入部はあくまでも作者（話し手）の意見として添えるものとして読むようにするとよい。

なお、挿入中に疑問副詞（いづれ・いかに・誰ナド）が入っている場合は、作者（語り手）がBの原因・理由などがよくわからないという気持ちを含み持つものである。

設問六

次の文から挿入を指摘せよ。

a 男女あひ知りて年経にけるを、いささかなることによりて離れにけれど、飽くとしもなくて止みにしかばにやありけむ、男もあはれと思ひけり。

（大和物語　七）

b 大臣殿《おほいどの》参らせ給ひて、うち見まゐらせて、いかにおぼしとくにか、持ち給へる扇の骨を、たたみながら、はらはらとうちすりて、泣きて出で給ひぬと思ふほどに、今は御格子まゐれとありけるにやと見えて、すなはち、親しき殿上人なめり、源中納言の四位の少将顕国、故右大臣殿の加賀介家定、あかあかと日のさし入りてあかきに、はらはらとおろしていぬ。

（讃岐典侍日記）

（注）ここは、堀河天皇崩御直後の記事である。作者は長い間堀河帝に親しく奉仕していた女性である。

大臣殿――内大臣源雅実。　源中納言――源国信。　故右大臣殿――源顕房。

〈略系図〉

顕房
- 雅実（内大臣）
- 国信（源中納言）――顕国
- 家定
- 賢子（師実の養女・中宮）＝白河――堀河

c いづくにもあれ、しばし旅立ちたるこそ、目さむる心地すれ。そのわたり、ここかしこ見ありき、田舎びたる所、山里などは、いと目馴れぬことのみぞ多かる。

（徒然草　一五）

解説

a 「飽くとしもなくて止みにしかばにやありけむ」が挿入である。「いささかなることによりて離れにけれど」は「(男もあはれと) 思ひけり」に係る。この挿入は形式からすぐわかるものである。「止みにしかばにやありけむ」は「終わってしまったからであったろうか」の意。一方、「飽くとしもなくて」の解釈は次の手順でする。

① 「しも」の「し」は強意の助詞であるから、とりあえずはずして考える。

② 「『……』となし」は「『……』とあり」の否定である (「と」は引用の助詞)。「『……』とあり」は「『……』と言ふ (宣ふ)」であるから、「『……』といふことなし」と読む。

「飽く」は「満足する」の意であるから、「満足するということもなくて」が「飽くとしもなくて」の解である。

b 「いかにおぼしとくにか」が挿入。下に「あらむ」を補って考える。「大臣殿」には尊敬語を付けているから、「大臣殿参らせ給ひて、うち見まゐらせて、〈……〉……たたみながら、……うちすりて、泣きて出で給ひぬ」と読む。挿入部はその下に対する補足説明と見る。挿入部の意味は「どのように御理解なさったのであろうか」の意 (「おぼしとく」は「思ひとく」の尊敬体。次の「思ふほどに」の「思ふ」のは作者 (無敬語であることなどからわかる)。

「『今は御格子まゐれ』とありけるにや」は、下に「と見えて」と出るので挿入ではなく引用文である。「御格子まゐる」は第五講に述べた。「とあり」は「と言ふ (宣ふ)」であるが、ここは後の文意から大臣殿の動作と見るべきところで、「とおっしゃる」と解することになる。

「親しき殿上人なめり」も文として独立性を持っている。次の「源中納言の四位の少将顕国、故右大臣殿の加賀介家定 (=格子をおろした人々)」の補足的説明である。つまり、「親しき殿上人なめり」も挿入ということになる。すると、その直上の副詞「すなはち (=スグニ)」は「おろして」へ係るということになる。

c 「いづくにもあれ」が「旅立ちたる」に対する挿入である。「あれ」はここでは命令形であり、その用法は放任法 (「…であって構わない」という気持ちを表す) である。命令形は、命令法であれ放任法であれ、それが文終止になるのである。「旅に出るのであれば、それはどこであっても構わない」という気持ちを表しているのである。

通解

a　男と女がうちとけて男女の契りを結んで年月が経過したところ、ちょっとしたことが原因で離れてしまったけれど、満足するということもなくて二人の関係が終わってしまったからであったろうか、男もしみじみ悲しく思った。

b　大臣殿が参上なさって、ちょっとお見申しあげて、どのように御判断なさったのだろうか、持っていらっしゃる扇の骨をたたみながら、ぱちぱちとこすって、泣いて出てお行きになったと思っている時に、「『今は御格子を下せ』とおっしゃったのであろうか」と思えて、すぐに、ご近親の殿上人であるようだ、国信の子顕国と顕房の子家定とが、赤々と日がさし込んで明るいうちに、パタパタと格子をおろして立ちさった。

c　どこであっても構わない、暫し旅に出ているのは、目のさめる感じがする。その辺を、あちらこちら見て歩き回り、田舎びている所や山里などは、ずいぶんと目馴れぬ珍しい事ばかりが多くある。

設問七

次は、右大臣源雅定（右大臣在位は一一五〇～五四年）のことを或る老女が回想して述べたものの一節である。この中から挿入の箇所を指摘し、それがどのような役割をしているか説明せよ。

この右の大臣は、御心ばへなどすなほにて、いとらうある人にておはしけるうへに、後の世のことなど思し取りたる心にや、わづらはしき事もおはせで、いとをかしき人にぞおはせし。まだ若くおはせし頃にや、伊予の御《ご》といふ女を語らひ給ひけるに、ものし給ひ絶えて、ほど経ぬほどに、「山城の前《さき》の司なる人になれぬ」と聞きて、やり給へる御歌こそ、いとらうありてをかしく聞き侍りしか。

まことにや三年も待たで山城の伏見の里に新枕《にひまくら》する

と侍りける、昔物語見る心地して、いとやさしくこそ承りしか。

（今鏡　村上の源氏）

（注）三年も待たで――当時、夫の消息が不明の場合、妻の再婚は三年が一つの目安になっていた。

解説

疑問の係助詞「や・か」と推量助動詞とが用いられた挿入は、その前後に述べられている客観的説明に対する主観的判断を加えるためのもので、数の上でも非常に多く見受けられるものである。ここでも、「後の世のことなど思し取りたる心にや」は、その下に「あらむ」の省略を考え、「わづらはしき事もおはせで」の理由を語り手が推測していると思われるし、「まだ若くおはせし頃にや」も下に「あらむ」の省略を考え、「伊予の御といふ女を語らひ給ひけるに」の時間的判断を語り手の老女が推測していると見ることができる。

一方、和歌の中に含まれる「まことにや」は挿入ではない。「まことにや」は形容動詞「まことなり」の連用形「まことに」に係助詞「や」が下接し、その「や」は「新枕する」という連体形に係り、係り結びが成立しているのである。

通解

この右大臣雅定公は、御性質などが素直で、とても心遣いの行き届いた方でいらっしゃった上に、後世の事などを悟りなさった心でいらっしゃったせいでしょうか、やっかいな事もおありにならないで、大層風流な方でいらっしゃいました。まだ若くいらっしゃった頃でしょうか、伊予の御という女と契りを結びなさいました折に、お通いになることが途絶えて、時間が経過しないうちに、「伊予の御が前の山城守である人と親しくなった」と聞いて、雅定公が伊予の御の許におやりになった御歌は、本当に洗練された趣があって、情趣深く聞きました。

本当に、三年も待たないで、山城の伏見の里で、新しい男と共寝をしているのか。

とお詠みになりました歌は、昔物語を読む感じがして、大層優美なこととして伺いました。

第七講

受身と使役の扱い方

1 受身表現

普通、動詞に助動詞が下接してもしなくても、その主語にあたるものは変化しない。たとえば、「花咲く」の「咲く」も、「花咲かず・花咲きけり」の「咲かず・咲きけり」も、主語はともに「花」で、同じである。しかし、受身の助動詞が下接すると、そうではない。「AがBを思う」という文で、「思う」の主語はAである。ところがそれの近似内容である「BがAに思われる」という「思う」に受身が付いた「思われる」では、主語はBであり、「思う」の場合と異なる。一般に受身表現は、能動文の主体と客体を入れ替え、能動動詞に受身の助動詞を付けた文をいう。その時に、受身が下接した場合はどう取り扱ったらよいのかがまず問題になる。受身の文がどのようにして作られているのかを見てみよう。

Aが　Bを　見る　〈能動文〉
＝　　＝
主体　客体
＝　　＝
Bが　Aに　見・らる　〈受身文〉（能動文の近似内容）

受身文は、動詞「見る」に受身の助動詞「らる」が下接しているから、単語上では二語となるが、**動詞に受身の助動詞の付いたものを一つのまとまった受身動詞として取り扱う**と、どんな場合でも矛盾なく見ることができる。つまり、能動動詞「見る」の主語はAであるが、受身動詞「見らる」の主語はBであると見てゆくのである。

その受身動詞と敬語の重なった場合の見方を次の三つに分けて解説してゆこう。

①

受身動詞
|—V|・受身|・謙譲語補助動詞

(例) 受身動詞 |見・られ| 奉る

[解析] 受身動詞「見らる」に謙譲語の補助動詞が下接している。

⇐ 受身動詞の客体Aを敬っている。

現代語訳としては、「〜ラレ申シアゲル・〜テイタダク」が最適である。

②

受身動詞
|—V|・受身|・尊敬語補助動詞

(例) 受身動詞 |見・られ| 給ふ

[解析] 受身動詞「見らる」に尊敬語の補助動詞が下接している。

⇐ 受身動詞の主体Bを敬っている。

現代語訳としては、「〜ラレナサル・〜ラレテイラッシャル」などが最適である。

③ 受身動詞 尊敬語動詞・受身

（例） 受身動詞 御覧ぜ・らる

［解析］ 受身動詞「御覧ぜらる」の下に尊敬語の補助動詞がない。

⇐ 受身動詞の主体Bは敬う対象ではない。（前提）

⟸

受身動詞の中の

尊敬語動詞「御覧ず」→ 受身動詞の客体Aを敬っている。

Aが　Bを　御覧ず（尊敬語「御覧ず」は主体Aを敬っている）

これを受身文に展開すると、

Bが　Aに　御覧ぜらる（Aは受身文では客体の立場にある）

現代語訳としては「オ〜ニナッテイタダク」などが最適である。この③の例としては、他に「思さる・思し召さる」や「召さる・知ろし召さる」などが見受けられる。

設問一

次の文を読んで、後の問に答えよ。

九月二十日の頃、(1)ある人に誘はれ奉りて、あくるまで月見ありくこと侍りしに、(2)思し出づる所ありて、案内せさせて入り給ひぬ。荒れたる庭の露しげきに、わざとならぬ匂ひしめやかにうち薫りて、しのびたるけはひいとものあはれなり。よきほどに出で給ひぬれど、なほことざまの優におぼえて、物の隠れよりしばし(3)見ゐたるに、妻戸《つまど》を今少しおしあけて(4)月見るけしきなり。

（徒然草　三二）

（問）(1)　主体を補い、現代語に訳せ。

(2)・(3)・(4)　それぞれ主体を答えよ。

解説

傍線部(1)「ある人に誘はれ奉りて」で、助詞「に」が下接する「ある人」は客体である。「誘はれ奉りて」の係り所「月見ありく」まで読んでも主体の明示はない。ということは、この作品が随筆であるところから、ここの主体は作者兼好と見る。「誘はれ」の「れ」は受身の助動詞「る」の連用形で、その下に「奉る」という謙譲語の補助動詞が付いている。これは、受身と敬語の①の形式であり、「奉る」はその客体である「ある人」を敬っていると見る。つまり、「ある人」は敬語対象者としてこの後を読むのである。また、その「ある人」以外に尊敬語が用いられている人はいないので、その結果、主体の明示はないけれど、「思し出づる」「入り給ひぬ」「出で給ひぬれど」など、尊敬語の出るところは「ある人」を主体としていると考える。「ある人」が取り次ぎをさせて中に入った家の人（女）は、「しのびたるけはひ」とあり、敬語対象者としてではなく、この文章の中に登場する。「ある人」が女の家から出てきても、事の様子が優雅に思われて、物の隠れからじっと見ていると出るが、ここにも、主体表示はない。しかし、「ある人」に誘われて出かけ、外で待っていた人で、しかも尊敬語を必要としない人というと、それは作者兼好であるから、(3)の主体は作者ということである。作者が見ていると、(4)の主体が、妻戸を少し押し開けて月を見る様子であるというのである。尊敬語のないところも含め考えて、ここはその家の女主人と見る。女は月を見るかのような様子で、男を見送っていたのであった。

通解

陰暦九月二十日の頃、(1)ある人に誘っていただいて、夜のあけるまで月を見て、その辺を歩き回ることがありましたが、私を誘ってくださったその方が、その途中で思い出しなさる所があって、取り次ぎをさせてその家にお入りになってしまいました。荒れた庭に露がいっぱいおりている、そこに、わざと事々しくたき立てたのではなく、平素から嗜《たしな》みの香の匂いがしんみりと薫って、世をしのんで住んでいる様子が、何ともしみじみと趣深く感じられます。私を誘ってくださった方が、ややしばらくしてその家から出ていらっしゃいましたけれど、それでもやはり事の様子が優雅に思われまして、物の隠れからしばらくじっと見ていますと、その家の女主人は妻戸を少し押し開けて月を見る風情であります。

設問二

次は、大宅世継という老人が人々に一品の宮のことを語っている箇所である。読んで、後の問に答えよ。

世継が思ふことこそ侍れ。便なきことなれど、明日とも知らぬ身にて侍れば、ただ申してむ。(1)この一品の宮の御有様のゆかしくおぼえさせ給ふにこそ、また命惜しく侍れ。その故は、生まれおはしまさむとて、いとかしこき夢想見給へしなり。(2)さおぼえ侍りしことは、(3)故女院、この大宮などはらまれさせ給はむとて見えし、ただ同じさまなる夢に侍りしなり。それにて、(4)よろづ推し量られさせ給ふ御有様なり。

（大鏡　藤氏物語）

（注）夢想——夢のこと。

〈略系図〉

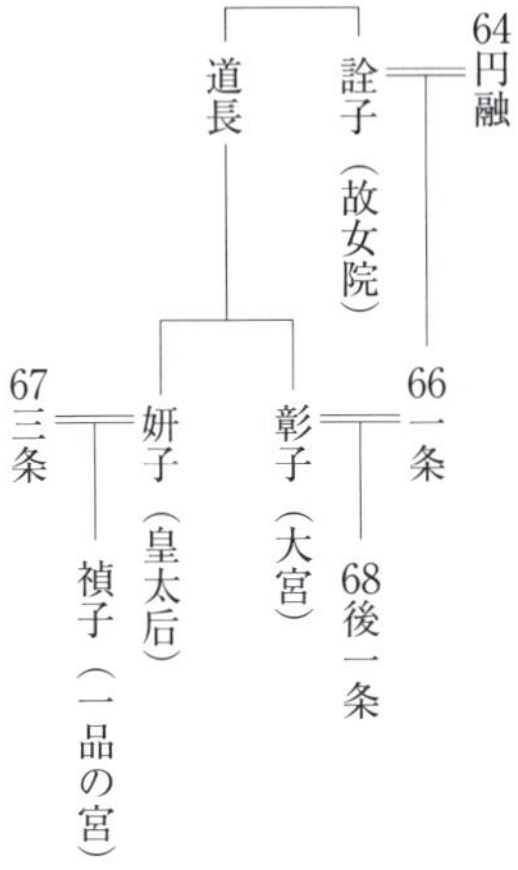

（問）（1）・（2）「おぼえ」の異同を考え、それぞれを現代語に訳せ。

（3）・（4）それぞれわかりやすく現代語に訳せ。

解説

順に解説を施そう。「世継が思ふこと」は「私世継が」とか「この世継が」で、「世継」は一人称代名詞の代用である。「便なし」は「不都合だ、具合が悪い、まずい」などの意で、「都合が悪い」ではない。「便なきことなれど」は「ただ申してむ」に逆接で係り、その間の「明日とも知らぬ身にて侍れば」は「申してむ」の理由になっている。「申してむ」は「この話を聞いている皆様方に申しあげてしまいましょう」の意。

「おぼゆ」という動詞は、「思ふ」に奈良時代に多く用いられた助動詞「ゆ」が付き、音変化の後に「おぼゆ」となった語であるが、「ゆ」は自発と受身の意味として使われていたので、「おぼゆ」は、自発の意味を含み、「自然と思われる・思わずにはいられない」という場合と、受身の意味を含み、「～に思われる」という場合とがある。(1)の中の「ゆかし」は、対象に心惹かれる意を表す形容詞で、具体的には「見たい、知りたい」などの訳語をあてる。一品の宮の様子を見たいのは語り手世継であるが、「ゆかしくおぼえ」の後に「させ給ふ」という尊敬語が付いているし、「一品の宮の御有様の」の「の」は主格でなければならないから、(1)の中の「おぼえ」を受身動詞と見て処理する。受身と敬語の②の形式である。

「生まれおはしまさむとて」は、「近々一品の宮がお生まれになるだろうということで」の意。「いとかしこき夢想見給へしなり」は、「かしこし」が「恐れ多い」という意味の形容詞、「見給へしなり」の「給へ」が下二段活用の「たまふる」の連用形であることから、「私はとても恐れ多い夢を見たのであります」の意となる。

(2)の「さおぼえ侍りしことは」の「おぼえ」は、自発動詞、「侍り」は丁寧語で、「私は、自然と思わないではいられませんでした」の意。「はらまれさせ給はむ」の「れ」は受身で、ここの主体は表示通りに、「故女院、この大宮」であり、「させ給ふ」はその受身動詞の主体に対する尊敬語である。ここも受身と敬語の②の形式で、いうまでもなく、「それぞれの母宮の胎内に身籠られなさるだろう」ということである。一品の宮が生まれる前に見た夢と、帝の中宮や女御となった方々が生まれる前に見た夢とが同じということなので、一品の宮も将来は帝のまわりの女性となるはずの夢のお告げと考えているのである。それを「よろづ推し量られさせ給ふ御有様なり」というのである。「推し量られさせ給ふ」の「れ」は受身で、「推し量られさせ給ふ」の主体は一品の宮である。再度、受身と敬語の②の形式である。

通解

私世継が思うことがございます。(1)不都合なことですけれど、(命の最期が)明日とも知らぬわが身でございますので、皆様方に申しあげてしまいましょう。この一品の宮様の御様子が(この私によって)見たく思われていらっしゃいますので、またこの命が惜しく思われるのでございます。その訳は、一品の宮様が近々お生まれになるだろうということで、私はとても恐れ多い夢を見たのであります。(2)そのように思われましたことは、(3)(円融帝の女御でいらっしゃった)故女院詮子様や、(一条帝の中宮でいらっしゃった)大宮彰子様などが、それぞれの御母宮様の胎内に身籠られなさるだろうということで見えた夢と、ただ同じ夢であったのでございます。そのことによって、(4)すべて推測されなさる一品の宮様の御有様です。

設問三

次の文の傍線部を現代語に訳せ。

この千五百番の歌合の時、院の上宣ふやう、「こたみは、みな世にゆりたる古き道の者どもなり。宮内卿は、まだしかるべけれども、けしうはあらずと見ゆめればなん。かまへてまろが面おこすばかりよき歌つかうまつれ」と仰せられけるに、面うち赤めて涙ぐみて候ひけるけしき、限りなき数寄のほどもあはれにぞ見えける。

（増鏡　おどろの下）

（注）千五百番の歌合――建仁元年（一二〇一）、後鳥羽院以下、当時有名な歌人三十人に一人百首の歌を詠ませ、都合千五百番の歌合の体になしたもの。
院の上――後鳥羽上皇のこと。
宮内卿――右京権大夫師光の娘で、後鳥羽院に仕えた歌人。十八・九歳で没した。

解説

設問二で説明した「**おぼゆ**」は表面的には受身を表す形は見えず、受身が内包されていたが、それとおなじような動詞に「**見ゆ**」がある。これは「見る」に自発や受身を表す助動詞「らゆ」が下接し、その「見らゆ」の音転によってできた語である。そこで、「見ゆ」は、自発動詞として「～が見える」、受身動詞として「～に見られる」の意味を持つが、その受身動詞の意味がさらに転じて、使役動詞として「～に見せる」という意味でも用いられる。

それ以外に受身の意味を内包していて、忘れてはならない動詞がある。「**許《ゆ》る**」（ラ行上二段活用）で、「許される・認められる」の意味である。傍線部「世にゆりたる」は「世の中で認められている」の意味である。ただ、ここは、「世にゆりたる」も「古き」も、両方「者ども」に係っていることにも注意しなくてはいけない。

後鳥羽院は、「みな古き道の者ども（＝ベテラン・老練な者ども）」と言いながら、宮内卿には「まだしかるべき（＝まだそうでないはずの）者」と言う。これは歌の出来がもう一つということではなく、老練の域には達していないということである。歌の出来がそれほどでなければ、三十人の歌人の中に選ばれるはずはない。その宮内卿の歌が「けしうはあらず（＝歌の出来栄えが悪くはない）」と見えるので、歌人の一人として選んだと言うのである。

そこで、宮内卿を選んだ自分の面目を施すほどによい歌を詠みなど致せと続けた。「面おこす」は「面目を施す」の意で、その反対は「面伏せ」である。「つかうまつれ」は荘重体敬語「つかうまつる」の命令形で、「致せ」の意味。その後鳥羽院の発言を耳にした宮内卿は感激に顔を赤く染めてその場に伺候しているが、その歌道熱心の様子が感動的に見えたというのである。

通解

この千五百番の歌合の時、後鳥羽院がおっしゃることは、「この度、歌合に選ばれた者は、皆、世の中で認められている、ベテランの歌道の大家たちである。宮内卿は、若くてまだ老練の域には達していないはずであるけれど、歌の出来栄えは悪くはないと私の目には見えるようなので、その一員に加えたのである。しっかり心がけて、お前を選んだ私の面目を施すほどによい歌を詠みなど致せよ」とおっしゃる時に、顔を紅潮させて感激に涙ぐんでお仕え申しあげた宮内卿の様子や、この上ない歌道熱心の程度もしみじみ感動的に見えたのであった。

設問四

次は、山里に籠ってしまった一条御息所に対して、訪れた夕霧が話をしている所である。読んで、後の問に答えよ。

渡らせ給ひし御送りにもと思う給へしを、六条の院に承りさしたる事(1)侍りしほどにてなむ。日頃もそこはかとなく紛るる事侍りて、思ひ給ふる心のほどよりは、こよなくおろかに(2)御覧ぜらるることの苦しう侍るなど聞え給ふ。

（源氏物語　夕霧）

（注）六条の院――夕霧の父である源氏の君をさす。

（問）(1) 傍線部の下に省略されている表現を、現代語で一例示せ。

(2) 誰の動作か。

解説

一読して、下二段「たまふる」や「侍り」といった対者敬語の存在から、「渡らせ給ひし……苦しう侍る」が会話であることがわかり、解説から、それが夕霧のことばであることも知れる。

(1) 「渡らせ給ひし」は、尊敬語と過去の助動詞であるから、かつて御息所が山里におうつりになったことと考えられる。「思う給へしを」は、下二段「たまふる」があるから、話し手（夕霧）自身の動作である。ここまでは、「『お移りなさった際の御送りにも（うかがおう）』と私は思いましたが」の意。次の「六条の院に……侍りしほどにてなむ」の意味は「六条の院から承った用事が途中であったりした事がございました時でしたので」となる。「承りさしたる」の「さし」は四段活用型の接尾語で、動作が途中である意味をあらわす。その終止形は「さす」である。また、「ほどにてなむ」の「なむ」は係助詞である。係助詞で文が終わることはないから、この下に省略があることはすぐに見当が付く。しかし、そこだけを見て決めるのではなく、文全体から省略されている語句を考えねばならない。ここは、「御送りにもうかがえませんでした」という程度が最適であろう。省略というのは、言わなくても、読者・聞き手が当然わかる場合におこるもので、「にやあらむ」の「あらむ」のように決まった表現もあるが、今回のように、文意を確かめないと決められない場合もある。

(2) 尊敬語と併用される「る・らる」は尊敬以外の職能である。そして、その「る・らる」は自発か受身であることが圧倒的に多い。「思さる」「召さる」など皆そうである。また、その中で「御覧ぜらる」の「らる」は、ほとんどが受身である。

さて、受身と尊敬語とが重ねられている時は、前述の通りで（p.230）ここは受身と敬語③の形式である。つまり、重要なことは受身の位置（換言すれば、どこまでを受身動詞と見るかということ）なのである。この問題でも、受身動詞「御覧ぜらる」の下に尊敬語のない点、現在という時制で書かれている点、また、それが心苦しく思われますといっている点などから、主体はこの会話をしている人（つまり、夕霧）と定める。ここも傍線部以外で問題となる箇所がある。四段と下二段の「たまふ」、「おろかなり」の語義などは大事である。

通解

「『あなた様がこちらへお移りになった際の御送りにも（うかがおう）』と存じましたが、父から承った用事が途中であったりした事がございました時でしたので（うかがえませんでした）。その後も幾日も、なんとなくとりまぎれることがございまして、思っています心に比べて、このうえなく疎略にしていると、あなた様に御覧になっていただきますことが、心苦しうございます」などと申しあげなさる。

2 使役表現

使役とは、他者にその事を行わせることをいう。例えば、「AがBに行わせる」というと、文の主語はAであるが、実際に行うのはBであってAではない。そこで、受身と同様に使役も、その**使役の意味を持つ助動詞までを一つの使役動詞**として取り扱わないと混乱を生じさせることになる。つまり、それをさせるのが使役動詞の主体であり、実際にそれをするのが使役動詞の客体ということになる。

設問五

次を読んで、後の問に答えよ。

昔、男ありけり。その男、伊勢の国に狩の使ひに行きけるに、かの伊勢の斎宮《いつきのみや》なりける人の親、「常の使ひよりは、この人よくいたはれ」と言ひやりければ、親の言《こと》なりければ、いとねむごろにいたはりけり。朝《あした》には狩に(1)出だしたててやり、夕《ゆふ》さりは帰りつつ、そこに(2)来させけり。かくてねむごろにいたつきけり。

(伊勢物語　六九)

(注) 狩の使ひ——平安初期、勅使を諸国に遣わして、鷹狩をさせ、宮中の宴席用の野鳥を取らせた。この勅使を「狩の使ひ」という。

伊勢の斎宮——伊勢神宮に奉仕する未婚の内親王または王女。

(問) (1) 誰がどうしたというのか。

(2) 主体と客体を答えよ。

解説

(1)「出だしたてて」の「たて」は下二段活用動詞「立つ」の連用形であるが、「立つ」には、その一方四段活用も存在している。同一終止形を持つ動詞が四段活用と下二段活用との二様の活用をした場合、下二段活用の方は、四段活用の意味に使役の意味が加えられた意味になる（第二講 ➡p.49参照）。四段活用の「立つ」は「立つ・行く…」の意味であり、下二段活用の「立つ」は「立たせる・行かせる…」の意味である。傍線部の前の「ねむごろにいたはりけり」は内容上、斎宮を主体としていると考えられ、狩に行くのは男であることから、「出だしたてて」が「家から出して行かせる」の意味である以上、その主体は斎宮ということである。つまり傍線部は、斎宮が男を家から出して狩に行かせるという意である。下二段活用「立つ」を使役動詞として見ることが大事である。

このように、助動詞「す・さす・しむ」がなくても、使役の意味が含まれているような場合は、常に使役動詞として扱うことが肝要である。四段活用に対しての下二段活用以外でも、たとえば、「見す」「わたす」なども使役動詞としての用法があることを知って見なければ、正しい解釈はのぞめない。

(2)「来させけり」の「させ」は使役の意味を表す助動詞「さす」の連用形である。そこで、「来さす」を使役動詞と扱い、「そこに来させけり」は、斎宮が男を自分の殿舎に来させたということである。狩の使いは国司の館に宿るのが本来であるが、親からの言葉もあり、斎宮は特別な扱いをしたということである。

通解

昔、男がいた。その男が、伊勢の国に狩の使いとして出かけた折に、あの伊勢の斎宮であった人の親が、「普通の勅使以上に、この人を特に大切にもてなしなさい」と、斎宮に言ってやったので、親の言葉であったので、斎宮は大層心をこめてもてなしたのであった。朝には狩に出かけられるように世話をして出してやり、夕方にはいつも帰って来た男を、自分の殿舎に来させたのであった。このような様子で、心をこめて大切に世話をしたのであった。

設問六

藤原道隆没後、その一族（中の関白家）は窮地に追い込まれ、その子伊周《これちか》・隆家兄弟は流罪となる。次は、その時（都から配流先へ向かう時）を叙したものである。この時、伊周の妹である皇后定子は懐妊中の身であった。読んで、後の問いに答えよ。

帥殿《そちどの》は、筑紫の方なれば、未申《ひつじさる》の方におはします。中納言は、出雲の方なれば、丹波の方の道よりとて、戌亥《いぬゐ》ざまにおはする、御車どもひき出づるままに、宮は御鋏《はさみ》して御手づから尼にならせ給ひぬ。内には、「この人々まかりぬ。宮は尼にならせ給ひぬ」と奏すれば、「あはれ、宮はただにもおはしまさざらむに、<u>物をかく思はせ奉ること</u>」と思し続けて、涙こぼれさせ給へば、しのびさせ給ふ。

（栄華物語　浦々の別れ）

〈略系図〉

道隆 ┬ 伊周（帥殿）
　　 ├ 隆家（中納言）
　　 └ 定子（宮）
　　　　 ‖
　　　　一条（内）

（問）傍線部は、誰がどうしたというのか、説明せよ。

解説

兄弟がそれぞれに流されて行く車を、役人が邸から引き出すやいなや、皇后宮定子は自身で尼になってしまった。一条帝に対して、「この人々は配流先に参りました（「まかる」は荘重体敬語 ➡p.185）。皇后宮は尼におなりになってしまいました」と申しあげる。「奏す」は帝を客体に固定して用いられる謙譲語である。「奏すれば」の係り所には尊敬語を予測する。客体のある表現の已然形に助詞「ば」が付くと、その係り所は客体であった人が主体となるという原則を想起するからである。そこで、「奏すれば」は「思し続けて…しのびさせ給ふ」に係り、その「思し続けて…しのびさせ給ふ」の主体は一条帝であると見る。そして、「あはれ〜思はせ奉ること」は一条帝の心内文として読む。

この心内文の中で、帝は皇后定子に「ただにもおはしまさざらむ」と、尊敬語を用いて敬っている。その上で「物をかく思はせ奉ること」の解釈を考える。「思はせ」の「せ」は使役である。使役動詞「思はせ」に謙譲語の補助動詞「奉る」が付いているのだから、敬うべき人（＝定子）を使役動詞の客体に置くのである。さらに、「思はせ」の主体は敬う必要がないから、主体を一人称（＝私）として解する。「物を思ふ」は「物思いをする」ということ。

傍線部は、「私は、皇后宮に、このように物思いをおさせ申しあげたことだ」の意である。

通解

帥殿は、配流先が筑紫の方面であるから、南西の方角にお行きになる。中納言は、配流先が出雲の方面であるから、丹波の方の道を通ってということで、北西にむかってお出かけになる。その、それぞれの御牛車を係りの役人が引き出すやいなや、皇后宮定子はご自身の手で尼におなりになってしまった。帝には、「この人々は出発致しました。皇后宮は尼におなりになってしまいました」と申しあげると、帝は、「ああ、宮は（懐妊中の身で）普通でもいらっしゃらないような時に、私はこのように悲しい物思いを宮におさせ申しあげることだ」と思い続けなさって、涙がこぼれなさるので、それをそっと隠しなさる。

設問七

次は、故桐壺更衣の母を見舞った命婦が、更衣の形見を持って宮中に帰参した所である。帝は最愛の更衣を失い、茫然としている。読んで、後の問に答えよ。

いとかうしも(1)見えじと思ししづむれど、さらにえしのびあへさせ給はず、御覧じ始めし年月の事さへかき集め、よろづに思しつづけ(2)られて、時の間もおぼつかなかりしを、かくても月日は経にけりとあさましう思しめさる。…… かの贈物(3)御覧ぜさす。

（源氏物語　桐壺）

（問）(1)　解釈せよ。

(2)　この「られ」の職能は何か。

(3)　誰がどうしたことか。

解説

(1)　「いとかうしも見えじ」は帝の心内文である。それは「と思ししづむれど」（＝心ヲ落チツケヨウト思ッテイラッシャルケレド）」の尊敬語使用と内容とから言える。帝は自分自身のことであるから「見えじ」の所には尊敬語は付けていない。さて「見ゆ」は、前述のように「見る・らゆ」が「見らゆ」となり、それが「見ゆ」となった語である。そこに含まれている「らゆ」（⇒p.115）は、自発や受身の意を持つから、「見ゆ」は自発動詞としても受身動詞としても用いられる（受身動詞は時々使役動詞として用いられることもある）。ここは、帝が、こんなにひどく落胆しているさまを「見えじ」と思っていらっしゃるのであるから、「見えじ」は「人ニ見ラレマイ」または「人ニ見セマイ」がよかろう。「じ」は助動詞「む」に打消が加わった意であるので、ここは打消＋意志になる。

何とかして心を落ちつけようと思っていらっしゃるのだが、どうしても我慢なさりきれなくて、今は亡き更衣を初めてお側にお呼びになって以来の年月のことまでも、さまざまなことをかき集めるかのように、あれこれと「思しつづけられ」たのである。

(2) 助動詞「る・らる」の箇所でも述べたように（p.114）、他の尊敬語と併用する「る・らる」は尊敬以外の職能と見ていく。ここは**自発**と考える。「思い続けずにはいらっしゃれない」の意となる。後に出る「思しめさる」の「る」も自発である。

「時の間も……経にけり」は帝の心内文である。そこへ命婦が帰参し、「かの贈物（＝更衣ノ形見）」を「御覧ぜさす」となるのである。

(3) 「御覧ぜさす」の「さす」は使役である。使役は誰かにさせるということだが、実際の動作をする人とさせる人とで混乱することがあるので注意したい。ここは、帝が御覧になるように命婦がさせるということである。ある動詞に使役の助動詞が付いた時には**全体を一つの使役動詞と考える**ようにすると混乱を避けられると述べてきたが、ここも「御覧ぜさす」を使役動詞と見ると、その下に尊敬語がない以上、帝を主体と考えることはできず、帰参した命婦を主体とすることになると容易にわかる。もう一つ例をあげる。

（幼イ鳥羽帝ガ、追想ニフケッテイタ作者ニ）「我抱きて障子の絵見せよ」と仰せらるれば、よろづさむる心地すれど、朝餉の御障子の絵御覧ぜさせありくに、（讃岐典侍日記）

この例で、「御覧ぜさせありくに」の主体は誰かという問いに対して、尊敬語「御覧ず」だけを見て、「鳥羽帝」と答える人も多い。しかし、「させ」は使役であるから、「御覧ぜさせ」を一つの使役動詞と見る。すると、その使役動詞の下に尊敬語がないから、使役動詞の主体は敬語不要の者ということになり、作者が正答となる。また、「仰せらるれば」が「御覧ぜさせありくに」に係ることからも、主体・客体の関係ははっきりさせることができる。帝が御覧になるように作者がさせて歩きまわっているというわけである。ただ、このような現代語はおかしいので、「帝にお目にかけて歩きまわっている」と解する。使役動詞にすると、作者は主体に、帝は客体になることがはっきりする。その客体を敬うために訳も工夫が必要である。

通解

帝は「こんなにまでひどく落ちこんでいる様子を誰にも見せまい」(1)と、気を落ちつけなさるけれど、どうしても我慢なさりきれなく、昔更衣を初めてお召しになった当時のことまでとり集め、それからそれへと思いつづけずにいらっしゃれなくて、「更衣が生きていた時は、ほんの片時の間も見ないでいたら気がかりであったのに、亡き後は、このように見ないでいても、月日は経ってしまうものであるなあ」と、御自分のことながら、あきれたことだと思わずにいらっしゃれない。……命婦は帝に、亡き更衣の形見をお目にかける。

第八講

和歌の解釈について

和歌というだけで苦手意識が先にたち、わからないものとして敬遠する人もいる。しかし和歌の解釈も基本的には散文の解釈と同じである。修辞法を考える前に、まずは現代語訳をつけることである。その時に、浮いてしまう語があったり、上下の意味がつながらない箇所が出たりしたら、修辞法を考えればよいのである。

和歌はある種の感動の吐露である。しかし、散文と異なり、句読点を打ってなかったり音律数の関係から詳しい具体的な説明がなかったりして、その意味内容を摑みにくいこともある。そこで、まず、どう対応するかということから説明しよう。

1 和歌の解釈のはじめに

まず、次の手続きをしてみる。

(イ) 和歌に句読点を施す。

〈句点〉

5 ● 7 ● 5 ● 7 ● 7 ●

歌を、5や7の句に分け、その句の末尾を見る。その末尾が文終止ならば、その下に句点を打つ。

① 終止形
② 係り結びの結び
③ 命令形
④ 終助詞

〈読点、〉

① 活用語に、助詞「ば・ど・に・を」が下接していたならば、その下に読点を打つ。
② 第五句（結句）の下に句点を打てない時、そこに読点を打つ。

(ロ) 和歌の前（後）の文・文章と和歌とを関連づける。
詞書などを踏まえて散文と同じようにして解釈してみる。

設問一

次の歌に句読点を施した上で解釈せよ。

a

うつろへる花を見てよめる　　みつね

花見れば心さへにぞうつりける色にはいでじ人もこそ知れ

b

題知らず　　よみ人しらず

駒並めていざ見に行かむふるさとは雪とのみこそ花は散るらめ

c

鶯の花の木にて鳴くをよめる　　みつね

しるしなき音《ね》をも鳴くかな鶯の今年のみ散る花ならなくに

d

吉野川のほとりに山吹の咲けりけるをよめる　　つらゆき

吉野川岸の山吹ふく風にそこの影さへうつろひにけり

e

やよひのつごもりの日、雨の降りけるに、藤の花を折りて人につかはしける　　業平朝臣

ぬれつつぞしひて折りつる年のうちに春はいくかもあらじと思へば

（古今集　春下）

解説

a 「花見れば、心さへにぞうつりける。」として、ここまで訳す。（「ぞ」の結びで「ける」は連体形）。その時「花」は「うつろへる（＝色アセタ）花」である。「さへに」は「さへ」と同じであるが、その訳出に留意する。次は「色には出でじ。」で句点が打てる（「じ」は終止形、文末用法）。「顔色には出すまい」の意。最後は「人もこそ知れ。」として解釈する（「こそ」の結びで「知れ」は已然形）。「もこそ」は近い将来に対して危惧の念を抱く意味である。すると、この歌は三文から成立しているということになり、最終的には三文の関係を考えることになる。

b この歌はp.88に既出であるが、そこに句読点を施した理由を考えるために再録した。「駒並めていざ見に行かむ。」とするのは、「いざ」は下に意志をとって「さあ……しよう」となる語であるから、「む」を意志と見なすことになり、「む」が意志である以上、文末用法となるからである。「ふるさとは雪とのみこそ花は散るらめ。」で一文となる。「雪と花は散る」とは「あたかも雪が散り降るように花が散る」の意で、それに現在推量「らむ」を加えて解釈する。「見に行かむ」の主体は、いうまでもなく「私」である。表出されていない主語は「私（＝歌の作者）」であることが多い。**a**の「花見れば」も同様である。

c 「しるしなき音をも鳴くかな。」の「かな」は終助詞なので、この下に句点を打つ。「音《ね》を鳴く」の「音」は「鳴く」の名詞であり、全体で「鳴く」の意。「音」が名詞であるから、初句は「しるしなき」と連体形になっている。「しるしなき音」とは「何の効果（甲斐）もない声」である。泣いても花が散らずにいるわけではないから言ったのである。詞書を見ると「鶯の……鳴くを」とあるから、第三句「鶯の」は「鳴く」にかけなければならず、四・五句にはそれがないので、第二句「鳴くかな」へかけていくことになる。すると、第一・二句と第三句は倒置ということになる。その解釈は、通解にも示したように、「……鳴くことだなあ、鶯が。」としておくとよい。「今年のみ散る花ならなくに。」は、「花ならなくに、」とも考えられる。「に」を終助詞ととれば、その下は句点だが、接続助詞ととれば読点になるのである。「なくに」の「なく」は打消「ず」のク語法である（⇩p.116）。

d 「吉野川、」としておく。「吉野川の岸」というだけよりは、吉野川は下の「そこ（底）」ともかかわるので、読点を打っておく。この歌は途中に句点が打てないから最後までが一文である。詞書をいかして解釈するが、添加の意の「さへ」にも注意したい。

e 詞書は、「三月晦日、雨が降った折に、藤花を折って人に贈るのに添えた歌」とある。「つかはす」は自分の行動に用いている以上、尊敬語ではなく荘重体敬語（⬇p.185）である。**勅撰集の詞書も会話体を用いる**のが普通である。歌は「ぬれつつぞしひて折りつる。」でまず切る。折ったのは、詞書から、藤の花である。「『年のうちに春はいくかもあらじ』と思へば、」として次を見るが、「——(イ)。——(ロ)、」という構造を持つ歌は、「——(ロ)、——(イ)。」の倒置になる。

通解（歌意のみ）

a 色あせた花を見ると、私の心までも他の人にうつっていくことだなあ。（しかし）顔色には出すまい。（何故って）恋人が知りでもしたらいけない（から）。

b 馬を並べてさあ見に行こう。今ごろ旧都はちょうど雪が散るように花が散っているだろう。

c 鳴いても花が散らずにいるわけではないのに、何の甲斐もない声で鳴くことだなあ、あの鶯が。今年に限って散る花ではないことなのに。

d 吉野川の川岸に咲いている山吹を吹く風によって、花ばかりでなく川底に映っている影までが散ってしまったことだなあ。

e 雨に濡れ濡れして、それもかまわずに藤の花を折ってしまった。「今年のうちに春は幾日も残ってはいないだろう」と思うので。

2 修辞法

修辞法についてもふれていこう。修辞法とは、言葉や言いまわしを効果的に用いて、美しく、印象的に表現する文学上の技巧の方法のことで、和歌の修辞法には「枕詞」「序詞《じょことば》」「懸け詞（掛け詞）」「縁語」などがある。

1. 枕詞

一首の調子を整え、ムードを添えるため、**慣用的、固定的**に特定の語句にかぶせたもので、多く五音でできているが、四音・六音のものもある。なお、枕詞の訳出は不要である。

枕詞は、その被修飾語との関係からは三つに大別できる。

① 同音または類似音の関係……真土山《まつちやま》待つ・ちちの実の父
② 意味の関係……草枕旅・天離《あまざか》るひな・垂乳ねの母
③ 地名の関係……石上《いそのかみ》ふる・しきしまの大和・ささなみの志賀

〈重要な枕詞〉

あかねさす→日・昼・紫
あしひきの→山
あづさゆみ→はる（張る・春）・引く
あらたまの→年
あをによし→奈良
いはばしる→滝・垂水《たるみ》
うつせみの→命・世・身・人
かみかぜの→伊勢
しきしまの→大和
しろたへの→袖・衣・袂
たまづさの→使ひ
たまぼこの→道・里
ちはやぶる→神
ぬばたまの→黒・夜
ひさかたの→光・天
ももしきの→大宮
やくもたつ→出雲
やすみしし→大君

2. 序詞

歌の中のある語句を導き出すために、意味か音を関係させて**即興的**に詠まれた部分（作者の自由な発想により、被修飾語との関係は一定していない）で、音数は七音以上の場合が多いが一定していない。

(1) 夏の野の繁みに咲ける姫百合の知らえぬ恋は苦しきものを　（万葉集　巻八）

(2) ほととぎす鳴く峰《み》の上の卯の花のうきことあれや君が来まさぬ　（万葉集　巻八）

(1)が意味、(2)が音の関係によるものである。「夏の野の繁みに咲ける姫百合の」は「知らえぬ」を導くが、歌の中心は「知らえぬ恋は苦しきものを」である。また、「ほととぎす鳴く峰の上の卯の花の」は「うきこと」の「う」を導くが、こちらも「憂きことあれや君が来まさぬ」が歌の中心である。

このように、歌の中心とは無関係にある語を導き出すのが序詞であるが、序詞の最後は「――の」となることが多い。その「の」は連用修飾格となって「……ノヨウニ」の意となる。例歌の解釈をつけておく。

(1) 夏の野の繁みに咲いている姫百合のように、人に知られない恋は苦しいものであるなあ。

(2) ほととぎすの鳴く峰の上の卯の花の「う」ではないが、「うき（＝つらく悲しい）」ことがあるから、あの方はおいでにならないのか。

3. 懸け詞

「掛け詞」とも書く。同音異義を利用して一つの語句、またはその一部に二通りの意味をもたせ、意味内容を複雑に、豊かにする。

秋の野に人まつ虫の声すなり　（古今集　秋上）
都出でてけふみかの原　（古今集　羇旅）

「まつ」に「待つ・松虫」が、「み」に「見る・みかの原」の両意が懸けてある。懸け詞は解釈の際、両意を訳出されることが要求される。おのおの「秋ノ野ニ人ヲ待ツ松虫ノ声ガ聞コエル」、「都ヲ出テ、今日見ルみかの原ヲ」のようにしていく。

設問二

次の各歌の中の懸け詞を指摘せよ。

a　雪の降りけるをよめる
霞たち木の芽もはるの雪降れば花なき里も花ぞ散りける　（古今集　春上）

b　題しらず
逢ふことのなぎさにし寄る浪なればうらみてのみぞたちかへりける　（古今集　恋三）

c　題しらず
音にのみきくのしら露夜《よる》はおきて昼は思ひにあへず消《け》ぬべし　（古今集　恋一）

解説

懸け詞は多く次の形式となる。

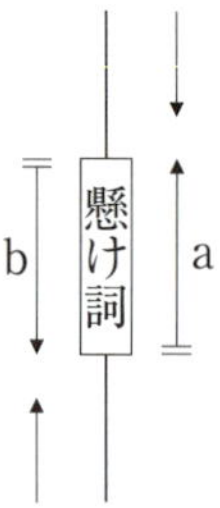

これは上に対してはａの意味、下に対してはａと同音異義のｂの意味ということである。その解釈は、上からａまでまず訳し、次にｂに至る間は必要なら多少のことばを補い、さらにｂから下に訳しおろしていく。

a 上から読んで来ると、「霞たち、木の芽もはる」というのだから「はる」は「張る」となるが、「張るの雪」とはならない。そこで「張る」と同音異義の「春」を設定して「春の雪降れば、」と読んでいく。説明する場合は「はる」に「張る」と「春」とを懸けているという。

b 恋の歌であることを踏まえると、「逢ふことの」から「無き」と読むことになる。しかし、下の「寄る浪」から考えれば、そこは、「なぎさ（渚）」となる。懸け詞では清濁は無視される。「浪なれば、」から「うらみて」は「浦見て」となるが、「逢ふことの無き」に対してその箇所は「恨みて」ということになる。

c 「音にのみきくのしら露」は、「音にのみ聞く」と「菊の白露」である。「白露夜はおきて」は、露のあることを「露おく」というから「夜は置きて」である。「おきて」とある以上、このまま下へ続けて読む。「昼は」以降も白露を主語にしていくと、「日にあへず消ぬべし」と考えられるがそれだけでは、「思ひ」の箇所が解決できないので、「夜は起きて昼は思ひにあへず」と読んでいく。つまり、後半部は「おきて」に「置きて」と「起きて」が、「思ひ」の「ひ」に「日」が懸けてあったのである。

通解（歌意のみ）

a 霞が立ち、木の芽も張る（ふくらむ）という春となり、その春の雪が降るので、花のない里も（雪が花のように見えて）

花が散っていることよなあ。

b　渚に寄る浪であるから、浦を見て引いていくのだが、逢ふことが無いので、恨み言を言って私は帰っていくことなのだなあ。

c　私はあなたのことを人の噂にばかり聞いて、(菊の白露と同じ身の上です、それは)菊の白露は夜は置いて、昼は日にたえられないで消えるが、私も夜は寝られずに起きて、昼は恋しい思いにたえかねて、死んでしまうにちがいない。

和歌の修辞法で、解釈と直接かかわってくるのはこの懸け詞ぐらいのものである。しかしこの懸け詞も、詞書や前の文章を正しく読み、歌に句読点を施し、丹念に訳出をしてくれれば、意味の続かない所が出るから、それとわかるようになるものである。

4. 縁語

ある語と意味上関係のある語を用いて、連想によって言外に余情をただよわせる修辞法をいう。これには、語がそのままの意味で縁故がある場合と、懸け詞となって縁故を生じる場合とがある。

(1)　ここに六十の露消えがたに及びて、末葉のやどりをむすべることあり。　(方丈記)

(2)　かれはてむ後をば知らで夏草も深くも人の思ほゆるかな　(古今集　恋四)

(1)は、六十歳という自分の身をはかなく消える「露」にたとえたので、その縁語として「消ゆ」「末葉」「むすぶ」を用いている。(2)は「かれはつ(離れ果つ)」の「離れ」に「枯れ」を懸け、「夏草」の縁語としている。なお、「夏草の」は「深く」の枕詞である。関係の深い語でも、主述関係や修飾関係にある場合は縁語とはいわない。また、縁語は解釈とは直接の関係はないもので、単に余情を深めるものであるのだから、このような修辞法もあると知る程度でもよかろう。

設問三

次の文章は、夫兼家の来訪がとだえがちになった頃を叙した箇所である。読んで、後の問に答えよ。

かくて経るほどに、その月のつごもりに、小野宮大臣かくれ給ひぬとて、世は騒ぐ。ありありて、「世の中いと騒がしかなれば、つつしむとて、(1)えものせぬなり。服になりぬるを、これら疾くして」とは、あるものか。いとあさましければ、「このごろ、ものする者ども里にてなむ」とて返しつ。これに、まして(2)心やましきさまにて、絶えて言伝《ことづ》てもなし。さながら六月になりぬ。

かくて数ふれば、夜見ることは三十余日、昼見ることは四十余日になりにけり。いとにはかにあやしといへばおろかなり。心もゆかぬ世とはいひながら、まだいとかかる目は見ざりつれば、見る人々もあやしうめづらかなりと思ひたり。ものしおぼえねば、(3)ながめのみぞせらるる。人目もいとはづかしうおぼえて、落つる涙おしかへしつつ臥して聞けば、うぐひすぞ折はへて鳴くにつけておぼゆるやう、

(4)鶯も期《ご》もなきものや思ふらむみなつきはてぬ音をぞなくなる

（蜻蛉日記　天禄元年）

（注）小野宮大臣――藤原実頼《さねより》。兼家の伯父。
これら――新調または縫い直しの衣服。
折はへて――ひき続いて。

〔問〕(1) 主体を明示して現代語に訳せ。
(2) 誰のどんな様子であるというのか、説明せよ。
(3) 現代語に訳せ。
(4) 「鶯も……」の歌には懸け詞が用いられている。一つは「なく」に「泣く」と「鳴く」を懸けているが、もう一つを説明せよ。

解説

(1) 「ものす」は代動詞で、自動詞なら「あり、行く、来」の代わり、他動詞なら文意からどんな他動詞の代わりにもなる。ここは兼家の作者に向けての手紙に出、しかも、小野宮大臣の薨去《こうきょ》のため自分も慎むことにして「えものせぬなり」というのであるから、「行く」の代動詞ということになる。「ものす」はサ変動詞であるので、「ものせ」は未然形。すると、「ぬ」は打消「ず」の連体形。その下の「なり」は断定ということになる。解釈上留意するものに、「え……ず」(不可能)もあること、いうまでもない。主体の補いは「私は」とする。

(2) 「私は行けないが、服は仕立ててくれ」という兼家の手紙に対して、「裁縫をする者が実家下がりをしたので(無理です)」と返事をしたことによって、「心やましきさまにて、絶えて言伝てもなし」というのである。主体は、内容的にも構文的にも、兼家と考えなければなるまい。「心やまし」の「やまし」は「病む」の形容詞で、「不快だ、気分が悪い」の意。「兼家の不快に思っている様子、兼家の機嫌を損じている様子」などとまとめる。

(3) 「ながめ」は、物思いに沈むこと、また、そのような精神状態をいう。「せらるる」の「らるる」は、作者の行動ということでもあり、自発とみる。それらを現代語でどう言い表すかをみるための問題である。

(4) この歌が詠まれたのは「六月《みなつき》」であると前に出る。そうしておいて歌の解釈に入る。「鶯も」の「も」は、背後に「私も」と考えておく。「期もなし」は「いつまでも」の意。文中の「折はへて」と対応する。鶯は春の鳥であるのに、晩夏六月になっても鳴いているのは、いつまでも物思いに耐えられず鳴いているのだろうかというのである。「みなつきはてぬ音」とは、「物思いがすべて尽きない声」というのであるが、そこに「みなつき」が懸けられていることになる。「なくなる」の「なる」は、伝聞助動詞「なり」の連体形である（⬇p.103）。

通解

こうして日々が過ぎていくうちに、その月の下旬に、小野宮大臣が薨去なさったといって、世間は大騒ぎをしている。ずっと長いこと経って、「世の中がたいそう騒がしいようであるから、私も慎むというわけで、(1)おまえの所へ行くこともできないのである。喪中になってしまったので、これらを早く仕立てて」とは、よく言えたものよ。なんともあきれはてたので、「最近裁縫をする者が実家に下がっていましてね」と言って返してしまった。このことで、ましてあの人は機嫌を損じた様子で、まったく言伝てもない。そのまま六月になった。

こうして、日数を数えると、夜逢ってからは三十日、昼逢ってからは四十日になってしまった。なんとも急な変わりようで、変だなどという言い方では表しようもないほどだ。不満足な二人の間とはいっても、今までたいして、こうした目にはあわなかったので、私のまわりの人々（侍女たち）も、「おかしなことで、珍しいことだ」と思っている。どうしてよいやらわからないので、(3)物思いに沈まずにはいられない。人目もたいそう恥ずかしく思えて、あふれる涙をこらえこらえして横になって聞いていると、夏なのに鶯が春にひき続いて（時節はずれに）鳴くにつけて思えること、

あの鶯も私と同じように、いつまでも物思いをしているのでしょうか。六月になっても、物思いがすべて尽きないような声で鳴くのが聞こえます。

設問四

次の文章を読んで、後の問に答えよ。

母におくれ侍りて、(1)またの年のわざなど過ぎてつれづれに侍りける夕暮れに、塵つもりたる琴など(2)おしのごひて、弾くとはなけれど、(3)今はほどなど過ぎにければ、折々ならしけるを、をばなりける人のあひ住みける方より、琴の音聞けばものぞ悲しきなど言ひおこせて侍りける返りごとによめる、

大納言道綱朝臣

(4)なき人はおとづれもせで琴の緒を(5)たちし月日ぞかへりきにける

（拾遺和歌集　雑二）

（問）
(1) どんな意味か。漢字三字で答えよ。
(2) どこに係るか。一文節で答えよ。
(3) 具体的にどんな意味か。
(4) 「なき人」の書き残した作品名を漢字で記せ。
(5) 「たち」は懸け詞である。両様の意をそれぞれ漢字で記せ。

解説

(1) 「またの年」は「翌年」のこと。「わざ」とは「行為」のことであるが、その前に、「母におくれ侍りて（＝先ダタレマシテ）」とあるところから、「一周忌」と決められる。

(2) 塵のつもっている琴などのよごれを「拭ってドウスル」と読むのである。接続助詞「て」の用法から、「ならし

けるを」に係ることを発見するのは、むずかしいことではなかろう。ただ、答え方として、「ならしける」と答えると、次の文節が助詞「を」から始まるということになるので、不正解である。正しく文節の考え方も身につけなければならない。

(3)「ほど」が過ぎてしまったので、楽器を鳴らしていたというのである。しかも、前に「またの年のわざ」も過ぎていた旨がある。「ほど」は、本来「時」の意味であるが、内容から、ここは「喪に服している期間」ということになろう。服喪中は歌舞音曲などは避けるのが普通である。

(4)「なき人」は詞書によると、この歌の作者(道綱)の母である。道綱の母の遺した作品として、受験生なら「蜻蛉日記」をあげられるであろう。

(5)「たち」が懸け詞である旨が出ている。懸け詞は同音異義を利用して、一つの音に二通りの意を持たせる修辞法である。「琴の緒をたちし」から考えると「たち」は「断」となる。一方「たちし月日ぞ」から考えると、「たち」は「経」となる。

通解

母にさきだたれまして、翌年の法事などが過ぎて、所在ない気持ちですごしていました夕暮れ時に、塵のつもっている琴などを、よごれをおしぬぐって、弾くということではないけれど、もはや喪なども明けてしまったので、時々鳴らしていたところ、おばであった人が、住んでいた所から「琴の音を聞くと、何となく悲しい気になります」などと言ってよこしましたので、その返事として詠んだ歌、

大納言道綱朝臣

死んだ母はこの世には再びおとずれても来ないので、悲しみのために私は琴の緒を断ったが、時が経ち、月日は流れてもう一周忌をむかえてしまったことだよ。

職能	基本形	未然形	連用形	終止形	連体形	已然形	命令形	ポイント	参照
打消	ず	(な)	ず (に)	ず	ぬ	ね	○	＊「ざら・ざり・……」は補助活用。主としてその下に他の助動詞を付ける。	p.64
		ざら	ざり		ざる	(ざれ)	(ざれ)		
完了	たり	たら	たり	たり	たる	たれ	たれ	＊「…テアル・…テイル・…タ」という現代語に該当する。 ＊「り」はe段音に付く(「り」の上は四段動詞かサ変動詞)。	p.67
	り	ら	り	り	る	れ	れ		
	つ	て	て	つ	つる	つれ	てよ	＊中心義は確述。 ＊終了・確定したことに用いる→完了 ＊未了・未確定な中で用いる→強意 ＊「…テシマウ・…タ」にあたる。	p.71
	ぬ	な	に	ぬ	ぬる	ぬれ	ね		
断定	なり	なら	なり に	なり	なる	なれ	なれ	＊連用形「なり」は「〜なりけり・〜なりき」のように、下に他の助動詞を付ける時に用いられ、それ以外の連用形の用法には「に」が用いられる。 ＊体言・準体言(連体形など)に付く。	p.80
	たり	たら	たり と	たり	たる	たれ	たれ	＊和文にはほとんど用いられず、和漢混淆文に多く用いられる。	

過去	き	(せ)	○	き	し	しか	○	*「けり」と比べて、「き」は直接体験的な過去であることが多い。 *ある程度叙述をまとめる力がある。 *「けり」は、引用文中や和歌の中で用いられた場合、詠嘆の意味になることが多い。	p.75
	けり	(けら)	○	けり	ける	けれ	○		
使役 尊敬	す	せ	せ	す	する	すれ	せよ	*四段・ナ変・ラ変動詞の未然形に付く。	p.110
	さす	させ	させ	さす	さする	さすれ	させよ	*「す」が付く以外の動詞の未然形に付く。	
	しむ	しめ	しめ	しむ	しむる	しむれ	しめよ	*活用語の未然形に付く。	
受身 可能 自発 尊敬	る	れ	れ	る	るる	るれ	れよ	*接続は「す」に同じ。	p.112
	らる	られ	られ	らる	らるる	らるれ	られよ	*接続は「さす」に同じ。	
希望	まほし	まほしから	まほしく まほしかり	まほし	まほしき まほしかる	まほしけれ	○	*希望を表す助動詞である。未然形に付く。	p.116
	たし	○	たく たかり	たし	たき	たけれ	○	*中古末に成立したと考えられ、「まほし」に対する俗語として用いられる。現代語の「タイ」につながっていく。	
比況	ごとし	○	ごとく	ごとし	ごとき	○	○		

職能	基本形	未然形	連用形	終止形	連体形	已然形	命令形	ポイント	参照
推量	む	○	○	む	む	め	○	＊――む。（文末用法）↓推量・意志　など ＊――む――（文中用法）↓婉曲・仮定	p.83
	けむ	○	○	けむ	けむ	けめ	○	＊「けむ」（けん）は過去時制で用いられ、「らむ」（らん）は現在時制で用いられる。扱い方は「む」と同じである。	p.87
	らむ	○	○	らむ	らむ	らめ	○		
	べし	○ べから	べく べかり	べし ○	べき べかる	べけれ ○	○	＊「む」に比べて、当然性・必然性の強い推量。 ＊「当然…ダロウ」「…ニチガイナイ」「…ノハズダ」（当然）。 ＊「（…ノハズダカラ）…スルノガヨイ」（適当）。 ＊「…シタ方ガヨイ」（勧誘）。「…シナサイ」（命令）。 ＊一人称の動作に付いて、「私ハ当然…スルハズダ」（意志）。 ＊可能性を添えて、「当然…デキルハズダ」（可能）。	p.91
	めり	○	（めり）	めり	める	めれ	○	＊主観的側面からの推量や主観的判断を表す。	p.96
	なり	○	（なり）	なり	なる	なれ	○	＊伝聞・推定。音が聞こえてくることや、音響に基づく推定。	p.100
	まし	○	○	まし	まし	ましか （ませ）	○	＊――仮定――まし↓「もし…であるなら、…であろうのに」 ＊疑問語――まし↓「ためらい＋意志」を表す。「…ウカシラ」など。 ＊右の二つ以外の「まし」は「む」に近い意味。	p.105
	らし	○	○	らし	らし	らし	○	＊ある根拠を示し、それによって推定する。	p.108

打消推量		
じ	まじ	
○	まじから	
○	まじく まじから	
じ	まじ	
じ	まじき まじかる	
じ	まじけれ	
○	○	
*打消と「む」とが混じった意。文末用法しかない。	*打消と「べし」とが混じった意。	
p.108		

呼応の副詞

本文には項目として掲げていないが、「呼応の副詞」（叙述副詞・陳述副詞ともいう）も解釈上知らなければならない知識である。これは、或る副詞が出ると、その係り所には一定の表現を要求するもので、現代語でも、「もし」という副詞があると、下に仮定条件が来るという類である。漢文訓読における再読文字（未＝いまだ〜ず、猶＝なほ〜ごとしナド）も、叙述副詞の固定発達を促したと考えられる。

古文解釈の上で、知っておきたい呼応の副詞を次にあげる。

副詞	呼応する表現	現代語訳	用例
さらに **たえて** **よに** **おほかた** **つゆ**	否定・打消	全然 まったく 少しも 決して …ない〈否定の強調〉	まことに**さらに**音せざりき。（枕草子） 訳 本当にまったく声がしなかった。 世の中に**たえて**桜のなかりせば（伊勢物語） 訳 世の中にまったく桜がなかったならば
いと **いたく**	否定・打消	たいして それほどは …ない	木々の木の葉まだ**いと**繁うはあらで、（枕草子） 訳 木々の木の葉はまだそれほど繁ってはいないで、 みめは**いと**しもなし。（古本説話集） 訳 容姿はたいしてよくもない。
え	打消	…できない〈不可能〉	子の、**え**も言はずをかしげなるを、（宇治拾遺物語） 訳 子が、言葉で言い表せないほどかわいらしい様子であるが、

をさをさ	打消	ほとんど / めったに …ない	秋には**をさをさ**劣るまじけれ。（徒然草） 訳 秋にはほとんど劣らないはずだ。
よも	打消推量	よもや / まさか …まい / ないだろう	伊行《これゆき》が鎧は**よも**とほらじ。（保元物語） 訳（矢が）伊行の鎧はまさか通るまい。
さだめて	推量	きっと…だろう	**さだめて**ならひあることに侍らん。（徒然草） 訳 きっと謂《いわ》れのある事でございましょう。
いかで	推量	どうして…だろう	**いかで**かばかりは知りけん。（徒然草） 訳 どうしてこれほどの事をば知ったのだろう。
いかで	意志・願望 命令	何とかして / どうにかして …しよう・たい / しろ・せよ	檜垣の御といひけむ人に**いかで**あはむ。（大和物語） 訳 檜垣の御といったような人に何とかして会おう。
かまへて	命令 禁止・打消	必ず・是非…せよ 決して…するな・ない	**かまへて**助けさせ給へ。（平家物語） 訳 是非ともお助けになってください。
な	そ（終助詞）	…しないでください …してはいけません〈穏やかな禁止〉	かく**な**言はせそ。（宇治拾遺物語） 訳 このように言わせないでください。
いつしか	意志・願望・ 命令	はやく…しよう・たい・てくれ	**いつしか**梅咲かなむ。（更級日記） 訳 早く梅が咲いてくれたらなあ。
はやく	けり（詠嘆）	何とまあ…たことよ	**はやく**盗人なりけり。（古今著聞集） 訳 なんとまあ盗人であった。

索引

古文解釈《こぶんかいしゃく》の方法《ほうほう》〈改訂版《かいていばん》〉

著　　者　関《せき》谷《や》　浩《ひろし》
発 行 者　山　崎　良　子
印刷・製本　株式会社日本制作センター

発　行　所　　駿台文庫株式会社
〒101－0062　東京都千代田区神田駿河台1－7－4
小畑ビル内
TEL. 編集 03(5259)3302
販売 03(5259)3301
《改⑨－272pp.》

落丁・乱丁がございましたら，送料小社負担にてお取替えいたします。

ISBN978－4－7961－1505－6　Printed in Japan

駿台文庫 Web サイト
https://www.sundaibunko.jp